東海版

親と子のときめき日帰り遊び場ガイド

遊歩図鑑パートXV

宇佐美イワオ

風媒社

藤前干潟（14P）
ユリカモメの群れ
〔名古屋市提供〕

干潟にたたずむダイゼン（冬鳥）
〔名古屋市提供〕

まちづくり広場（18P）

師勝町歴史民俗資料館（30P）

ぎょぎょランド（46P）

ふれあい牧場・高原ハウス（50P）

河川環境楽園（66P）

内藤記念くすり博物館（64P）

21 世紀の森公園（74P）

こどもサイエンスプラザ（72P）

三重県県民の森（86P）

鈴鹿フラワーパーク（96P）

あけぼのパーク多賀（114P）

マルスウイスキー信州工場（118P）

［東海版］親と子のときめき
日帰り遊び場ガイド

contens

遊歩図鑑パートXV

■名古屋

■愛知

■岐阜

■三重

■静岡・滋賀・長野

愛知県・位置図

東海北陸自動車道
春日井市都市緑化植物園
春日井市
中央自動車道
師勝町
師勝町歴史民俗資料館
平和町
愛知県下水道科学館
東名阪自動車道
名古屋市
日進市
レトロでんしゃ館
トヨタ鞍ヶ池記念館
豊田市
豊田スタジアム・スポーツプラザ
トヨタの森〔エコの森ハウス〕
弥富町
弥富野鳥園
大府市
子どもの森〔あいち健康の森公園〕
ふれあい牧場・高原ハウス
作手村
東公園・動物園
岡崎市
新城総合公園・わんぱく広場
新城市
半田市
半田運動公園
碧南市
へきなんたんトピア
東名高速道路
ぎょぎょランド・赤塚山公園
豊川市
美浜町
えびせんべいの里

名古屋市・位置図

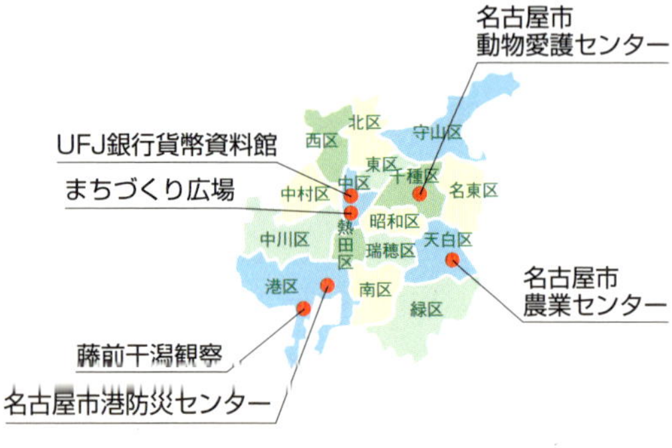
名古屋市
動物愛護センター
UFJ銀行貨幣資料館
まちづくり広場
北区
西区
守山区
東区
千種区
中区
中村区
名東区
昭和区
熱田区
中川区
瑞穂区
天白区
港区
南区
緑区
名古屋市
農業センター
藤前干潟観察
名古屋市港防災センター

岐阜県・位置図

東海北陸自動車道
板取村
21世紀の森公園
中津川市ふれあい牧場
岐阜市畜産センター／みつばちの家
長良公園
岐阜市
各務原公園
各務原市
可児市
ささゆりクリーンパーク
中津川市
中央自動車道
川島町
こどもサイエンスプラザ
大垣市
織部の里公園
陶史の森
土岐市
東名高速道路
さぼう遊学館
南濃町
木曽川水園
河川環境楽園
内藤記念くすり博物館

三重県・位置図

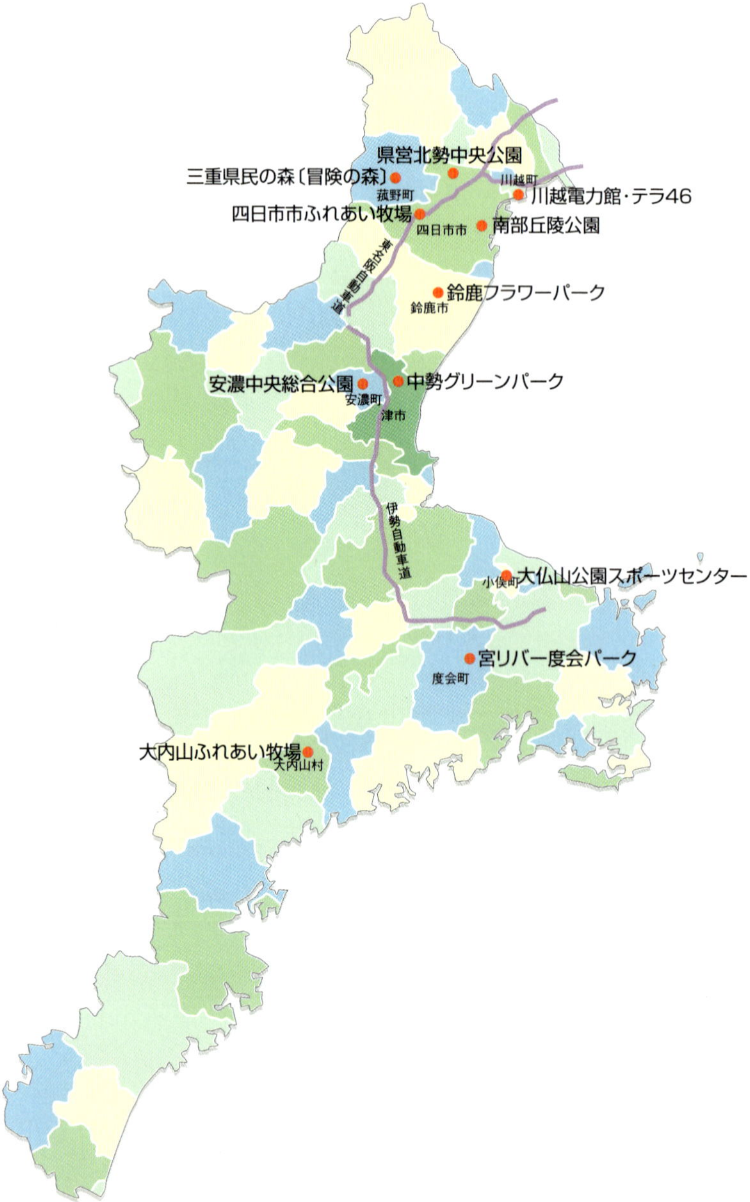
県営北勢中央公園
三重県民の森〔冒険の森〕
菰野町
川越町
川越電力館・テラ46
四日市市ふれあい牧場
四日市市
南部丘陵公園
東名阪自動車道
鈴鹿フラワーパーク
鈴鹿市
安濃中央総合公園
安濃町
中勢グリーンパーク
津市
伊勢自動車道
小俣町
大仏山公園スポーツセンター
宮リバー度会パーク
度会町
大内山ふれあい牧場
大内山村

静岡県／滋賀県／長野県・位置図

長野県

長野自動車道
上信越自動車道
中央自動車道
マルスウイスキー信州工場
宮田村
中央自動車道

滋賀県

北陸自動車道
琵琶湖
彦根市
彦根市子どもセンター
あけぼのパーク多賀
多賀町
名神高速道路

静岡県

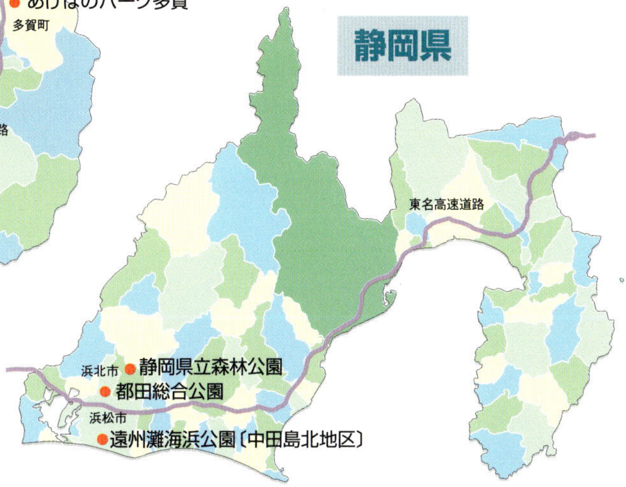
東名高速道路
浜北市
静岡県立森林公園
都田総合公園
浜松市
遠州灘海浜公園〔中田島北地区〕

貴重な干潟で砂遊び。カニやエビをつかまえてみよう!

藤《ふじ》前《まえ》干《ひ》潟《がた》観《かん》察《さつ》

入場タダ

(ユリカモメ)
(アジサシ)
干潟観察ベストタイム
干潟に降りて遊ぶには、干潟が大きく現われる大潮の時がよい。大潮の干潮時(前後1時間)が最もベスト。
(注意)・満ち潮になると、すぐ海水が押しよせてくるので、すぐ陸に上がる事!
(コサギ)
堤防から双眼鏡などで鳥を観察しよう。
堤防
WC
国道23号へ

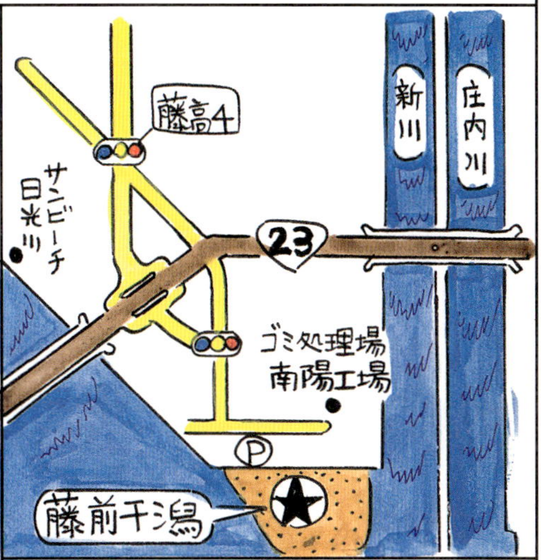
藤高4
サンビーチ日光川
23
新川
庄内川
ゴミ処理場
南陽工場
P
藤前干潟

藤前干潟

名古屋市港区藤前2

駐車場 ● 50台
交　通 ● 国道23号で庄内新川橋を渡ったら左折(南へ)5分
(車)

ここは、日本でも最大級の野鳥の渡来地として有名。ラムサール条約にも登録されている。渡り鳥たちの中継地として、シギやチドリたちが、春・秋にたくさん見られる。

干潟ファッション
基本的に潮干狩りスタイルでよい。
タオル
首にむすんで落ちないように
帽子
ひもで飛んでいかないようにしよう
服
ドロで汚れてもよい服。半そで、半ずぼんがよい
バケツくまで
見つけた生き物をよく観察しよう
長ぐつ
貝ガラやゴミで足をケガするので必ずはこう

地震、台風などのリアルな疑似体験ができる

名《な》古《ご》屋《や》市《し》港《みなと》防《ぼう》災《さい》センター

入館料タダ

**あなたは災害の時
生き残れるか?!**

あなたの防災への備えはだいじょうぶか？港防災センターは、災害が起こった時に役立つ知識が学べ、体験を通して、その恐ろしさを知ったり、どう行動したらよいか学べる。各フロアには係の人がいて、親切にアドバイスしてくれる。

ヘルメット
軍手
非常袋

消防ヘリの試乗
飛びません
屋市消防局
実物の消防ヘリに乗る。テレビでは出動の様子が映される。
自分で操縦かんをにぎって、スイッチを入れたりできる。
・・・・いざ出動ダ!!

モク
煙避難体験
モク
出口どこ?
モク
この煙は無害です
煙いっぱいの迷路を出口へと進む

地震体験室
阪神大震災を体感!
震度2〜7を体験
グラ
キャ!
地震の時、どうしたらいいのか?
ガタン
ガタン
バタ
バタ
ビューン
ガク
ガク
ガクン!!
ガタ

名古屋市港防災センター

伊勢湾台風を知る
3D映像
当時を再現した家の中で、1959（昭和34）年の伊勢湾台風接近の様子を体感。迫力ある立体映像や突然に電気が消えたり、風が吹き込んできたり・・・台風の夜の恐怖を味わうことができる。
ガタ
家が振動
ガタガタ
アー！流木がッ!!
ドドドーン
オッオー
ラジオ
ただ今大型の台風が接近……ピー
のけぞる
当時の民家を再現
茶ぶだい
乳母車

サバイバル実習教室
●申し込み● 5名以上の団体で電話予約制
非常用安全灯、炊飯セットなどの作り方や人工呼吸などの応急手当を学びます。
（約２時間）
コップ
安全灯
食用油
炊飯セット
アルミ缶
ヘエー、なるほど

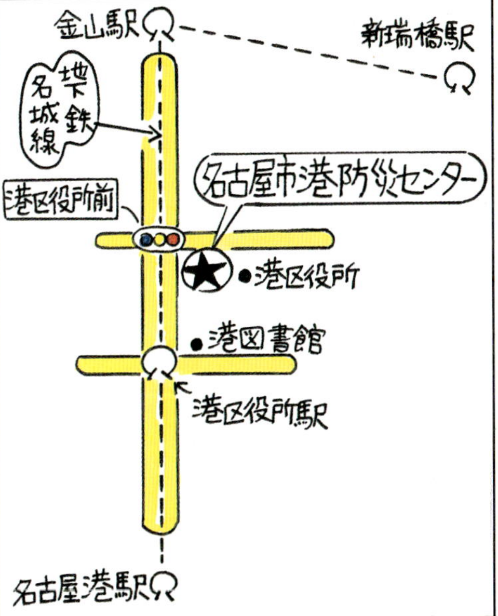

金山駅
新瑞橋駅
地下鉄名城線
名古屋市港防災センター
港区役所前
港区役所
港図書館
港区役所駅
名古屋港駅

名古屋市港防災センター

名古屋市港区港明1-12-20
TEL（052）651-1100

入館料 ● 無料（5名以上の団体は電話予約制）
開館時間 ● 9時30分～16時30分
休館日 ● 月曜日、第3水曜日、祝日（月曜日の場合は翌日、第3水曜の場合は第4水曜日も）
駐車場 ● なし
交通 ● 地下鉄港区役所駅より徒歩3分

名古屋の街が見下ろせる、名古屋の街に関する展望資料室

まちづくり広場《ひろば》

入館料タダ

全面ガラス張り
展望よい！
JR ツインビル
御嶽山
金曜日は20時まで開館しているので、夜景を見にくるカップルも多い。
自分の家を見つけてみよう
液晶モニター
名古屋ドーム
まちの現在コーナー
床一面に広げられた名古屋市の大きな空撮写真。4つの液晶モニターでは、各方向から金山へ向かっての空からの映像が映し出られ、飛行機に乗った気分。
まちづくりの体験コーナー
パソコンを使って、自分だけのまちづくりができるシミュレーションゲーム。
ここに木を植えてみよう
まちの歴史コーナー
名古屋のまちづくりを、清洲越しから今日までの歴史を紹介。戦災復興の懐かしい写真も見られる。
テレビ塔完成
地下鉄開通
名古屋の年表がパソコンで調べられる
近世
近代
現代
交通
ライフライン
建築
市政
現代
名古屋地図
真上からの航空写真なので、屋根や屋上部分が写っている。
床にすわりこんで自分の家を探す
拡大レンズあり

まちづくり広場

名古屋都市センターのまちづくり広場は、まちづくりについて学び、考え、語らうためのマルチステーション。

市内の展望が楽しめるスペースに、市民とともに築いてきた名古屋のまちづくりの歴史、将来の計画をパネル展示。

吹き抜けのスペースで、名古屋の町並みを見下ろしながら、今の名古屋を再発見してみよう。

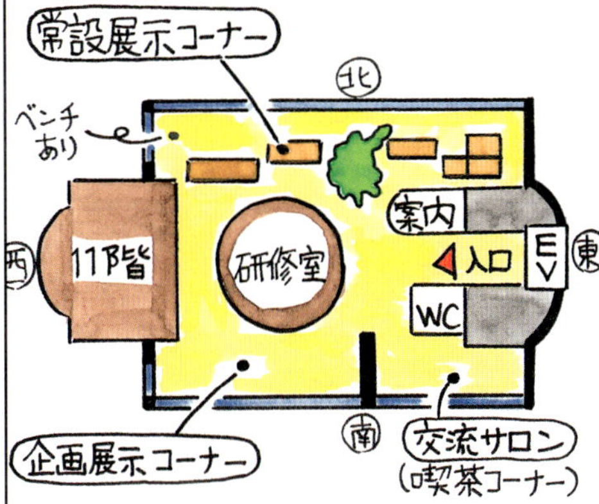

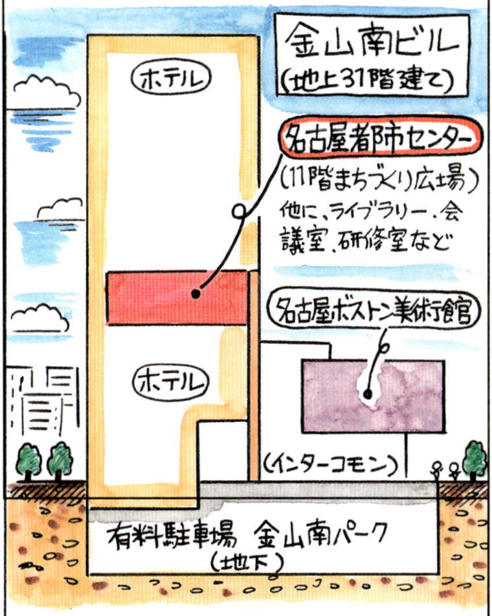

行き方 まちづくり広場へは、インターコモン(屋内公開空地)の中央専用エレベーターで、11階まで上がって下さい。

まちづくり広場

名古屋市中区金山町1-1-1
金山南ビル11階
TEL(052)678-2214

入館料 ● 無料
開館時間 ● 火～木曜日は10時～18時
金曜日は10時～20時
土・日曜日、月曜日が祝日の時は10時～17時
休館日 ● 月曜日(祝日の場合は翌日)、年末年始
駐車場 ● 周辺に有料駐車場あり
交通 ● JR、名鉄、地下鉄の金山駅より徒歩3分

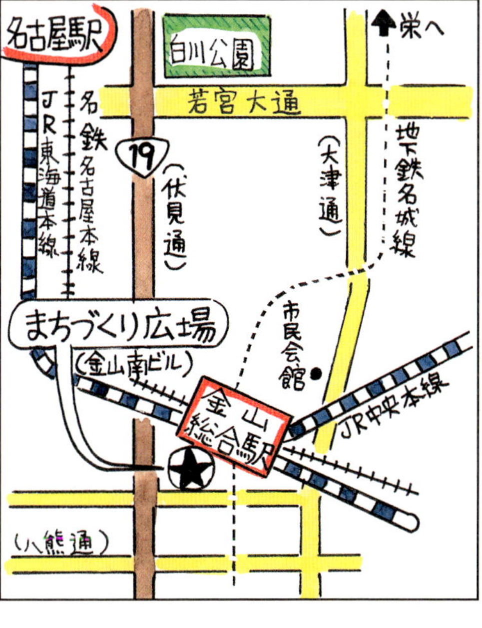

UFJ《ユーエフジェー》銀《ぎん》行《こう》貨《か》幣《へい》資《し》料《りょう》館《かん》

入館料タダ

名古屋のビジネス街のビル1階にある企業資料館。

世界の貨幣約1万点が展示されている。富本銭、和同開珎、大判など古いものから、古代ローマ帝国の貨幣や最近のヨーロッパ貨幣ユーロなども展示。

大福帳
パチ
パチ

天正《てんしょう》大判《おおばん》

豊臣秀吉がつくった世界最大の金貨。重さが一六五グラムもある。

表には「十両後藤」と花押が書かれている。後藤家は大判の制作者。裏には、この大判を持っていた人のサインが書かれている。

金のなる木

鋳造途中のもの

お金の体験コーナー

1億円の札束を持ってみたり、お金で身長、体重を計ってみたりできる。

（体重測定）

エー！私の値段は4億8千万円なの～
五億円
四億円
三億円
持って帰りたーい。
ダメです
約10.5kg
（1億円を持つ）

新たな日本最古の貨幣

富
本

（富《ふ》本《ほん》銭《せん》）683年

奈良県飛鳥の地で、7世紀後半の地層より発見された。それから和同開珎より古い貨幣ということになる。

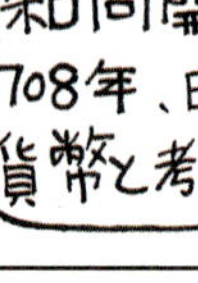

和
同
開
珎

（和《わ》同《どう》開《かい》珎《ちん》）

708年、日本最古の貨幣と考えられていた。

幻の貨幣「陶貨」

壹
五銭
十銭

1945年、第二次世界大戦時、金属が不足したため、陶器製のお金が造られたが、実際には、使われなかった幻のお金です。

(青銅貨)
(タカラガイ)
古代中国貨幣
古い時代、貝がお金として使われていた
古代ギリシャ貨幣
どれも精巧で美しい

「東海道五十三次」展示コーナー

江戸時代末期の浮世絵師「歌川廣重」が描いた東海道五十三次の浮世絵(保永堂版.複製)を展示。

東海道五拾三次之内
箱根
英重画
歌川廣重《ひろしげ》
(安藤広重)

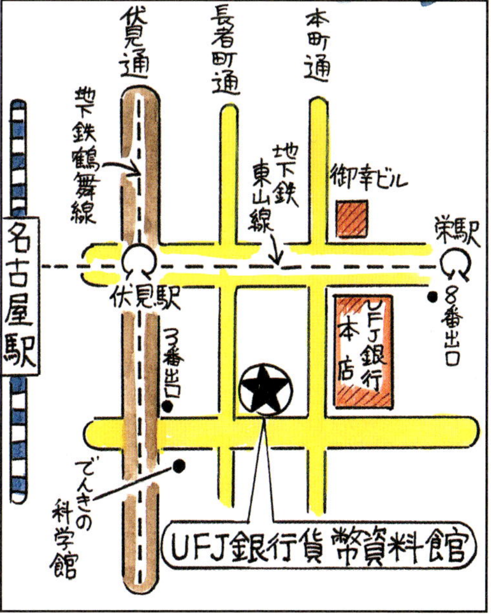
伏見通
長者町通
本町通
地下鉄鶴舞線
地下鉄東山線
御幸ビル
栄駅
名古屋駅
伏見駅
8番出口
3番出口
UFJ銀行本店
でんきの科学館
UFJ銀行貨幣資料館

UFJ銀行貨幣資料館

名古屋市中区錦2-20-25
TEL(052)211-1111(代表)

入館料	無料
開館時間	9時～16時
休館日	土曜、日曜、祝日 (銀行窓口休業日)
駐車場	なし
交通	地下鉄伏見駅3番出口徒歩4分 地下鉄栄駅8番出口徒歩6分

イヌ、ネコのふれあいとつきあい方を紹介したミニ博物館

名《な》古《ご》屋《や》市《し》動《どう》物《ぶつ》愛《あい》護《ご》センター

入館料タダ

　みなさんに、動物愛護の気持ちをもってもらおうとするセンター。
　愛護館には、展示室、図書室、相談室やイヌ、ネコの展示舎がある。また、野外には、ふれあい広場や芝生広場、ベンチあり。

ふれあい広場
ハーイ

ハイ、お手
スリスリ
ゴロ
ゴロ
ワン
ワン
かわいいーッ
野外には、子犬たちと自由に遊べる「ふれあい広場」がある。子どもたちの楽しい笑顔がいっぱいです。
クンクン!
ワーイ!
展示室
犬のおまわりさん
人形が動いてユニークな動物の歌を演奏する
イヌ・ネコ音楽隊
犬と猫の生態、習性、生理などをパネルやゲームなどで紹介。子ども向けにわかりやすく展示。
ネコの舌(パネル)
①ざらざらしてやすりの様です
②骨から肉をなめとったり、体の汚れをとったりする
人類にとってはじめてのペット物語をユニークなマジックビジョンで紹介。
マジックビジョン

名古屋市動物愛護センター

この現実を知ってもらいたい！

捨て犬・猫
迷い犬・猫
など

毎年、当センターに収容される不要な犬・猫の数

↓

犬 1000頭以上
猫 6000匹以上

↓

その大部分は処分される。処分とは安楽死の事です。

どうしてボクがこんなめにあうの？

子犬・子猫を差し上げる会

- 費用無料で、かわいい子犬、子猫がもらえる。そして飼い方教室も同時に行なわれる。（ただし、名古屋市在住の方のみ）
- 子犬・子猫ともに毎月各1回行なわれる。

（問い合せ⇒同センター）

近くにある展望室『アクアタワー』

入場無料

動物愛護センターから遊歩道を通って12分の所にある、水道局配水場の展望施設。地上約40mにあり、南側が一面ガラス張りとなっている。平和公園が一望でき、西には名古屋ドームや名古屋駅ツインビルも見られる。

開館時間 ● 10時～16時
休館日 ● 月曜日
駐車場 ● なし
交通 ● 市バス「光ヶ丘」下車、徒歩3分

名古屋市動物愛護センター

名古屋市千種《ちくさ》区平和公園2-106
TEL（052）762-0380

入館料 ● 無料
開館時間 ● 9時30分～16時30分
休館日 ● 月曜日（祝日の場合は翌日）、年末年始
駐車場 ● 40台
交通 ● 地下鉄本山駅下車、市バスで「自由ヶ丘」下車、徒歩10分

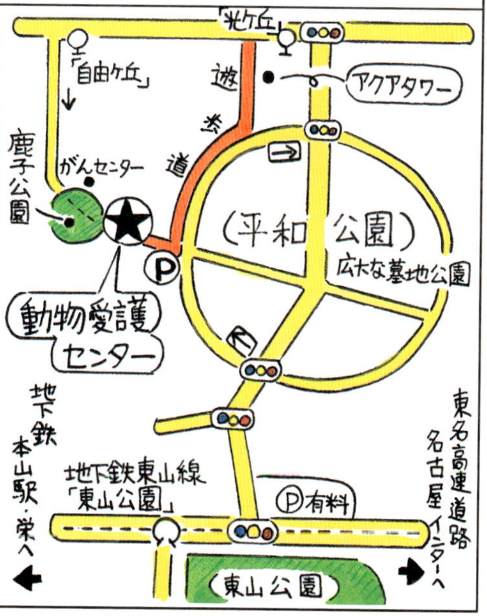

卵からふ化の様子が見られる展示鶏舎が人気!

名古屋市《なごやし》農業《のうぎょう》センター

入園料タダ

一年中 色とりどりのベゴニアが見られる。

農業の研究と指導をする施設で、農業公園として一般に開放。園内には、畑、家畜舎、芝生公園、小川などがある。ピラミッド型の温室では、ベゴニアや熱帯植物が見られる。

牧場では、牛がすぐ近くで見ることができる。赤いサイロが牧歌的雰囲気を出している。

温室のベゴニア
モー!
名古屋にある牧場
ピヨ
ひよこのふ化
鶏舎横の展示室では、卵からひよこが生まれるのが見られる。
ピィー
ピイー
ピィー
ピヨ
当センターでは飼育に力を入れている。
売店で鶏肉を販売。
その他、珍しいニワトリもいる。
ウコッケイ
プリマスロック
名古屋コーチン

名古屋市農業センター

ミルク工房

当センターでしぼった牛乳や、これから作ったアイスクリームを製造・販売。

売店

花や植木、くだもの、野菜、お菓子など

農業指導館

休憩所、農業相談と喫茶軽食コーナー

名古屋市農業センター

名古屋市天白区天白町
大字平針字黒石2872-3
TEL (052) 801-5221

入園料 ● 無料
開園時間 ● 9時～16時30分
休園日 ● 月曜日(祝日の場合は翌日)、12/29～1/3
駐車場 ● 238台(無料。イベント期間中は有料のときもある。)
交通 ● 地下鉄平針駅より市バス(荒池行)で「荒池」下車、徒歩7分

主なイベント
- しだれ梅まつり(2月下旬～3月中旬)
- 農業センターまつり(11月上旬)

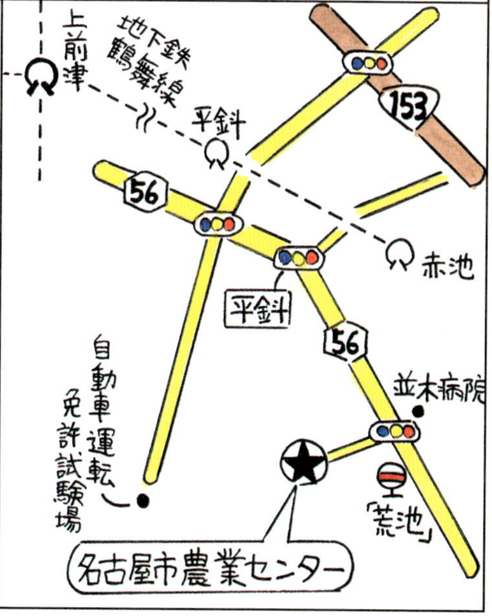

チン、チン、ガタン、ガタン。懐かしい市電に乗ろう!

レトロでんしゃ館《かん》（市電《しでん》・地下鉄《ちかてつ》保存館《ほぞんかん》）

入館料タダ

市電1400型
ワンマンカー
20
合1421
ワンマンカ 1421
自由に乗れるよ。
床が木製なのが懐かしいナ〜。

名古屋市内を走っていた市電や市営地下鉄を館内実車展示。展示車両に乗ることや運転席に座ってハンドルを操作したりできる。

その他、運転シミュレーターコーナーや、市電の歴史コーナー、オリジナルグッズの販売コーナーもある。

ガチャッ
（運転席）

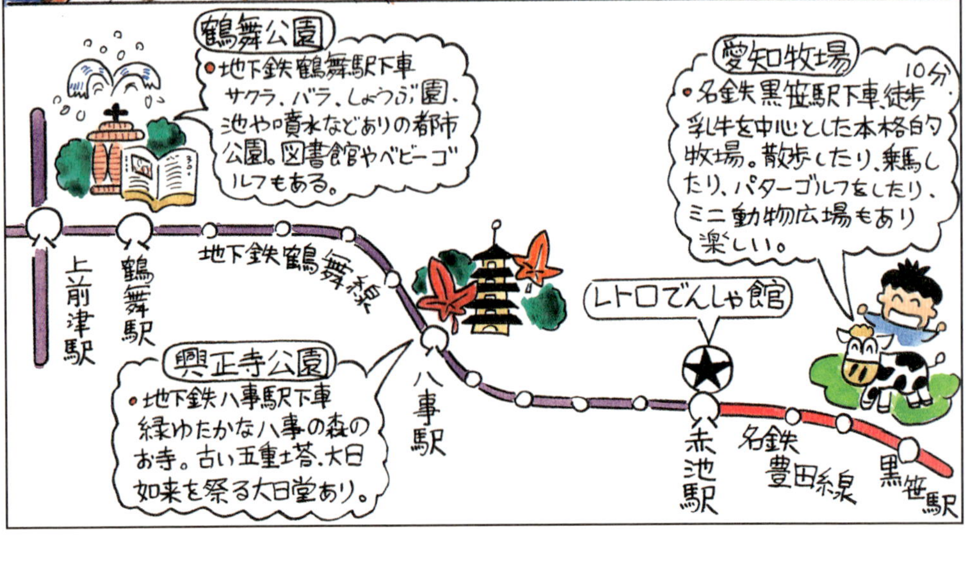

鶴舞公園
・地下鉄鶴舞駅下車 サクラ、バラ、しょうぶ園、池や噴水などありの都市公園。図書館やベビーゴルフもある。
愛知牧場
・名鉄黒笹駅下車、徒歩10分。乳牛を中心とした本格的牧場。散歩したり、乗馬したり、パターゴルフをしたり、ミニ動物広場もあり楽しい。
上前津駅
鶴舞駅
地下鉄鶴舞線
八事駅
興正寺公園
・地下鉄八事駅下車 緑ゆたかな八事の森のお寺。古い五重塔、大日如来を祭る大日堂あり。
レトロでんしゃ館
赤池駅
名鉄豊田線
黒笹駅

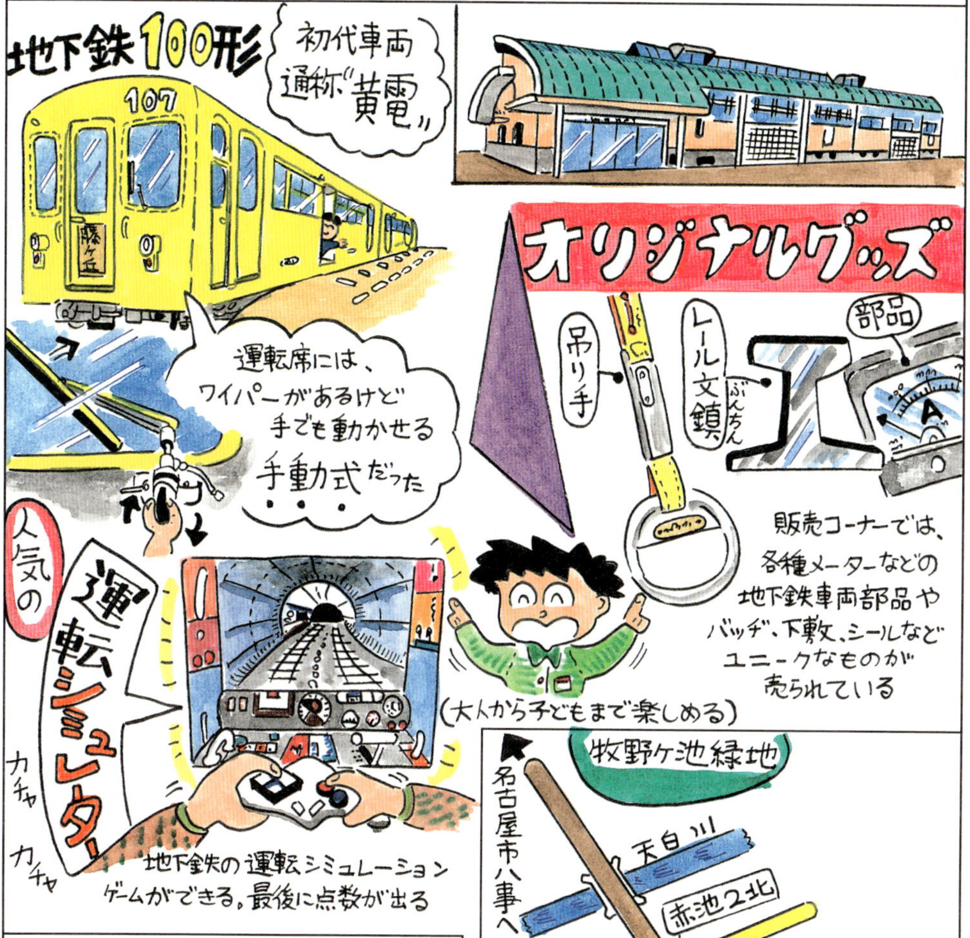
地下鉄100形
初代車両
通称"黄電"
107
藤ケ丘
運転席には、ワイパーがあるけど手でも動かせる手動式だった・・・
オリジナルグッズ
吊り手
レール文鎮《ぶんちん》
部品
A
販売コーナーでは、各種メーターなどの地下鉄車両部品やバッヂ、下敷、シールなどユニークなものが売られている
(大人から子どもまで楽しめる)
人気の
運転シミュレーター
カチャ
カチャ
地下鉄の運転シミュレーションゲームができる。最後に点数が出る

レトロでんしゃ館(市電・地下鉄保存館)

愛知県日進市浅田町笹原 日進工場内
TEL (052) 807-7587

入館料	無料
開館時間	10時~16時
休館日	水曜日(祝日の場合はその直後の休日でない日)、12/29~1/3
駐車場	7台
交通	地下鉄・名鉄赤池駅2番出口より徒歩7分

牧野ケ池緑地
名古屋市八事へ
天白川
赤池2北
153
レトロでんしゃ館
正門(日進工場)
地下鉄
鶴舞線 赤池駅
名鉄
豊田線
豊田市へ

動物のふれあいが楽しめる、花と緑の植物園

春日井《かすがい》市《し》都市《とし》緑化《りょっか》植物園《しょくぶつえん》

入園料タダ

植物園をメインとした、「グリーンピア春日井」の愛称で親しまれている、緑と花の公園。

市郊外の丘陵地に広がる公園で、花に関するイベントも盛んに行なわれていて、何度も訪れたくなる。「緑と花の休憩所」はステキなスペース。ここには温室があり、四季に応じた花のディスプレーが楽しめる。そして、入場無料がうれしい。

ふれあい広場は
子どもたちの1番人気
木曽馬
さわっちゃった
・ヒツジ
・リスザル
・アライグマ
・フェレット
・チンチラ
・七面鳥、クジャクなどの鳥類など
動物ふれあい広場
休憩所
アスレチック遊具
芝生広場
しょうぶ園
バラ園
池
温室
花の香りいっぱい!

春日井市都市緑化植物園

春日井市都市緑化植物園

愛知県春日井市細野町3249-1
TEL（0568）92-8711

入 園 料 ● 無料
開園時間 ● 4月～10月は9時～18時
11月～3月は9時～17時
休 園 日 ● 月曜日（祝日の場合は翌日）、
12/29～1/1
駐 車 場 ● 80台（バスも可）
交　　通 ● 国道19号坂下町4交差点より
車で10分

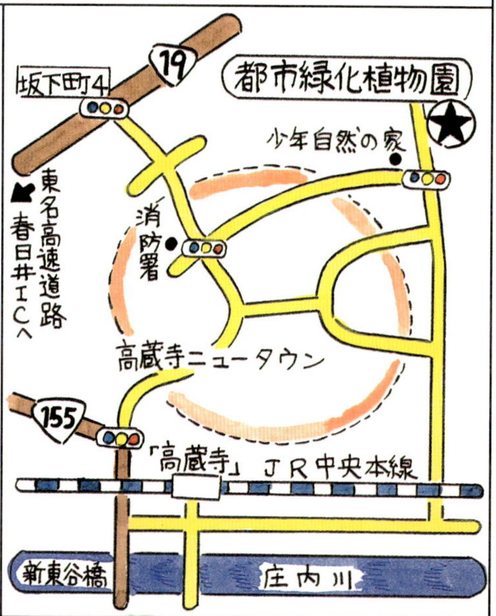

緑と花の休憩所

3F ● 展示室
2F ● 展示室、AVコーナー
1F ● 温室、レストラン、フラワーショップ、
ソフトクリーム売店、ファンタジールーム

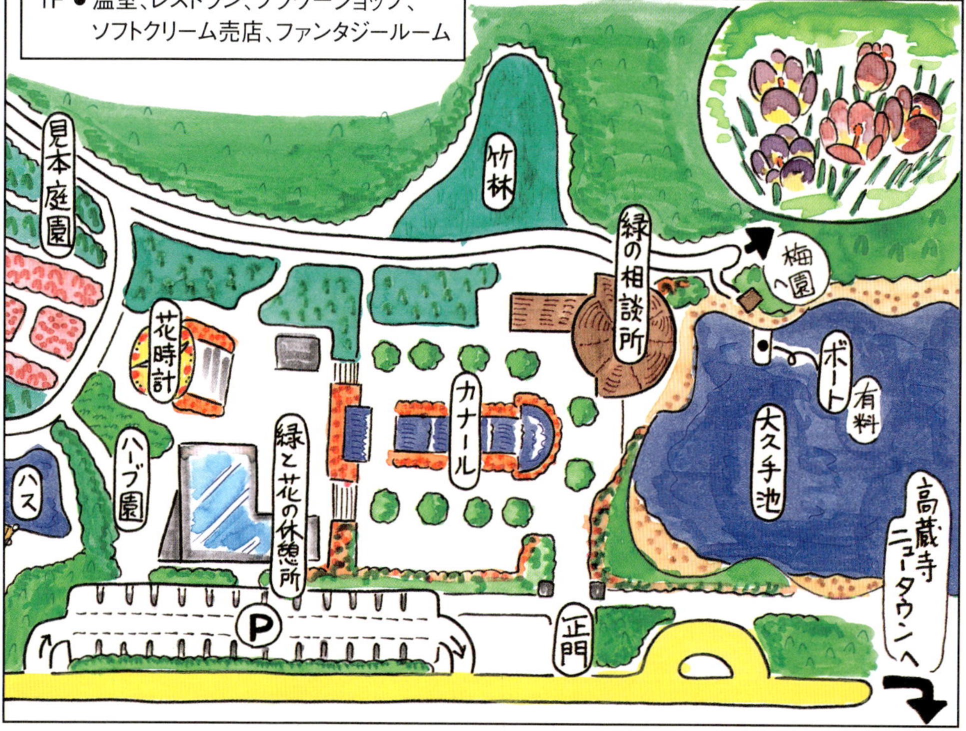

師《し》勝町《かつちょう》歴史《れきし》民俗《みんぞく》資料館《しりょうかん》

入館料タダ

師勝町歴史民俗資料館

昭和20年～30年代の町の横丁を館内に再現。そこには、雑貨店、床屋、自転車店などがそのままあり、まるで、過去にタイムスリップしたような懐かしい風景だ。

トタン板、ホーロー看板、生活道具、遊び道具など当時のままに展示してある。企画展は年3回あり、テーマを変えて行われる。（同じ建物内に図書館もある。）

師勝町歴史民俗資料館

愛知県西春日井郡師勝町熊之庄
TEL（0568）25-3600

- 入館料 ● 無料
- 開館時間 ● 9時～17時
- 休館日 ● 月曜日、館内整理日、年末年始、特別整理期間
- 企画展 ● 3～5月、7～9月、11～1月の年3回
- 駐車場 ● 地下と屋外にあり計150台。他に役場Ⓟも利用可。
- 交通 ● 徳重駅、西春駅より1.5Km。タクシーで5分

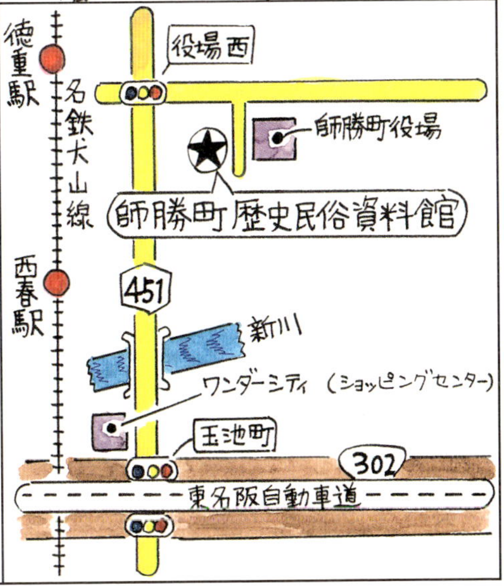

下水道や水のことを楽しく学べる、水の不思議ワールド

愛《あい》知《ち》県《けん》下《げ》水《すい》道《どう》科《か》学《がく》館《かん》

入館料タダ

館内に水の流れを再現
山あり、滝あり、川あり。水槽には川魚が泳ぐ
オイカワ
♪音でづくる水の世界
ピチャ
シトシト
ピッ
水のサウンド
きれいになった水が飛びはねる
(モデルハウスにて)ボクのウンチはどこへ行くのだろう?排水管から外の下水管へと行く。
プカ

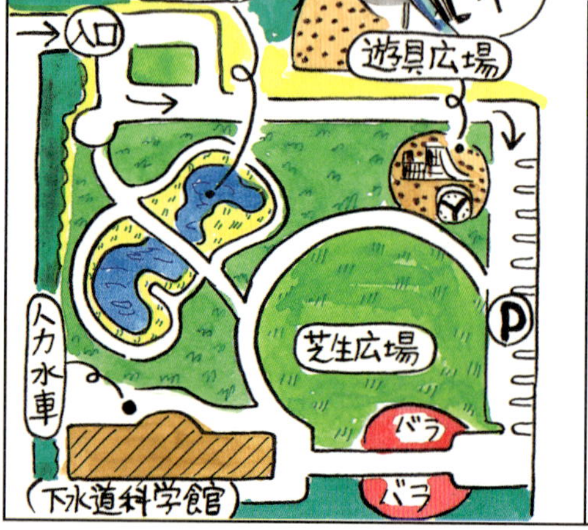

ビオトープ
ワーイ
遊具広場
入口
P
芝生広場
バラ
バラ
人力水車
(下水道科学館)

流された下水をどのようにして、きれいにするのか?という問題を下水道を通して考える参加体験型展示館。

モデルハウスでは、生活排水がどのように流れていくのかを紹介。そして、下水処理工程を模型で紹介している。ゲームもあり楽しく体験できる。

2F	3Dシアター、図書コーナー(ビデオも見られる)、企画展示コーナー
1F	下水道に関する5つのコーナー、休憩コーナー、WC

愛知県下水道科学館

浄化に必要なエネルギーを体験
ハンドルを回して。
100%
(1200Ws)
90%
80%
50%
40%
10%
フウ〜!たいへんだな〜
ミニしょうゆをきれいにするには
どのくらいのエネルギーがいるの?
管の中の汚泥を水を勢いよく噴出させて取り除く。高圧の水を球に当ててみよう。
下水管の掃除
(下水管)
ボーリング球が動く
バーチャルゲーム
ゴーグルを付けるとそこは、下水道の中。(仮想空間)汚れをやっつけてきれいな水にするゲーム。
汚れ
バクテリア
ガチャ
ガチャ
エイ!

○生物反応槽○
空気を送ってかきまぜ、微生物の働きをよくし、汚れを食べさせる。
下水処理のしくみを模型で体験
グル
グル

愛知県下水道科学館

愛知県中島郡平和町
大字須ヶ谷字長田295-3
TEL (0567) 47-1551

入館料 ● 無料
開館時間 ● 9時30分～16時30分
休館日 ● 月曜日(祝日の場合は翌日)、年末年始
駐車場 ● 78台(バスも可)
交通 ● 県道65号「梅須賀」交差点西約3Km

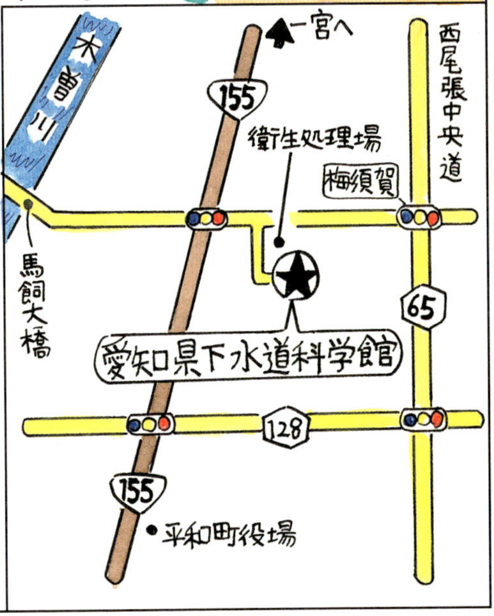

一宮へ
西尾張中央道
木曽川
155
衛生処理場
梅須賀
馬飼大橋
65
愛知県下水道科学館
128
155
平和町役場

バードウォッチングが、手ぶらで楽しめる!

弥《や》富《とみ》野《や》鳥《ちょう》園《えん》

入園料タダ

P
WC
本館
3階:展望室
2階:展示室
資料室
1階:事務室
小公園
WC
冬はカモでいっぱい
(普段は立入禁止)
保護地
弥富野鳥園
(オオタカ)
(ダイサギ)
「探鳥会」
保護地内で野鳥の観察ができる。毎年、5回くらい行なわれる。
(コガモ♂)
サイクリングロード
富浜緑地へ

弥富野鳥園

野鳥保護地として、池、ヨシ原、樹林地を造成し、一部を開放している。双眼鏡で見学できる本館や、休憩、散策できる小公園があり、気軽にバードウォッチングが楽しめる。

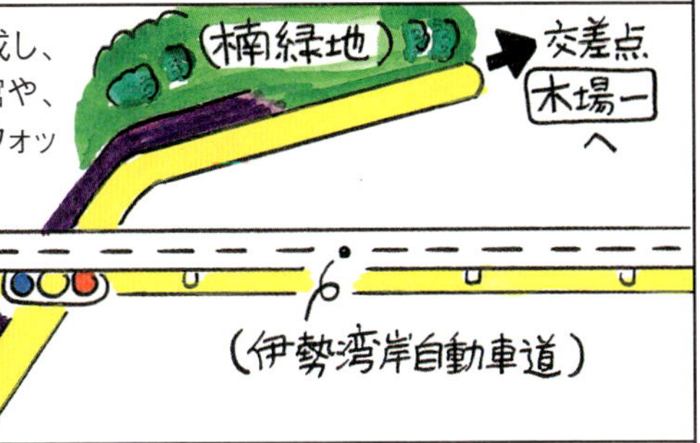

楠緑地
交差点
木場一
へ
(伊勢湾岸自動車道)

あ!見えた
大型双眼鏡を使って観察
本館3階にて
勉強になるナー
カワウの集団
アジサシ
マガモ
針金で作ったキジバトの巣
本館2階では鳥のハク製や巣の展示や写真、パネルで解説
サイクリング
野鳥園南に名古屋港サイクリングコースあり。全長18km。3〜11月の土・日・祝日には富浜緑地にてレンタサイクルあり。(有料)

弥富野鳥園

愛知県海部郡弥富町大字上野2-10
TEL (0567) 68-2338

入園料 ● 無料
開園時間 ● 9時〜17時
休園日 ● 月曜日（祝日の場合は翌日）、年末年始
駐車場 ● 50台、バス4台
食事 ● 食事処、売店なし。本館にジュース自販機あり。
交通 ● 国道23号より車で10分

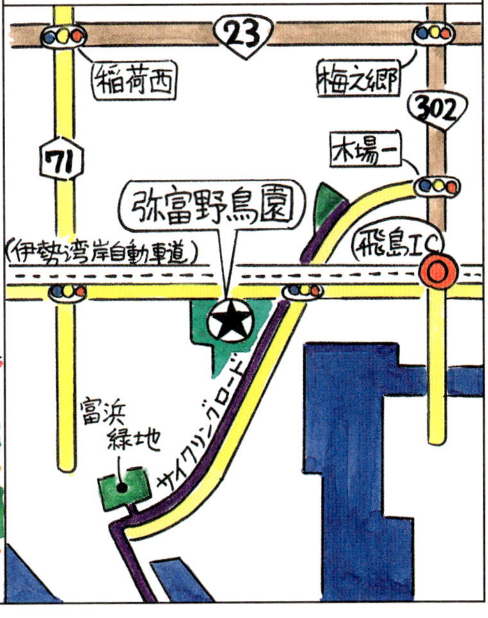

23
稲荷西
梅之郷
302
71
木場一
弥富野鳥園
飛島IC
(伊勢湾岸自動車道)
富浜緑地
サイクリングロード

緑に囲まれた、ユニークな遊具いっぱいの子どもの遊び場

子《こ》どもの森《もり》（あいち健康《けんこう》の森公園《もりこうえん》）

入園料タダ

オェー!
全長120m
ローラー式すべり台
林の中をすべりおりる
岩登り、ネット地獄、つり橋 など ローラーすべり台
石の谷
トンネル
展望台
国道155号へ
木の家
北の原っぱ
大きな木の家
板張りウッドサーキット
第2駐車場

子どもの森

愛知県大府市森岡町
あいち健康の森公園内
TEL（0562）47-9222
（あいち健康の森公園管理事務所）

入 園 料 ● 無料
休 園 日 ● 年中無休
駐 車 場 ● 800台（バスも可。夜間閉鎖）（3ヶ所合計）
交　　通 ● 大府東海ICより車で10分

子どもの森

あいち健康の森公園にある、子どもの遊び場。いろいろな遊びができる大型コンビネーション遊具が点在し、子どもはもちろん、大人もけっこう楽しんでいる。

行き方 車を第2駐車場におき、エントランスから、宝橋を渡ってすぐ。

岩登り
WC.
ジュース自販機
休憩所
ちいさなまち
ミニすべり台、ミニネット、チューブなど主に幼児向けの遊具がそろっている。
WC
ときの広場
宝橋
エントランス

ピョーン!
ちいさなまち

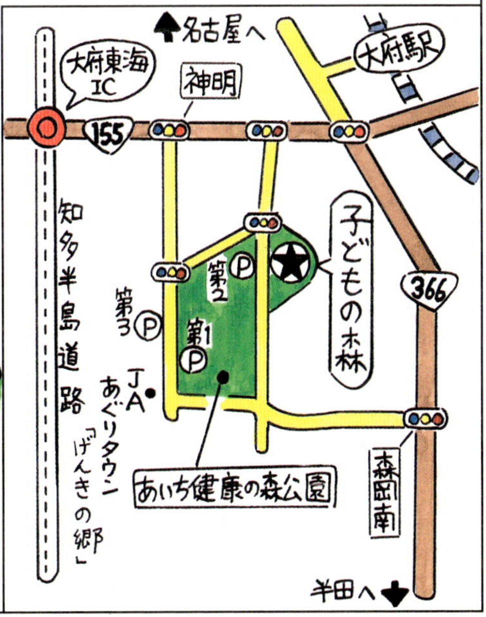

名古屋へ
大府東海IC
神明
大府駅
155
知多半島道路
子どもの森
366
第2 P
第3 P
第1 P
JA
あぐりタウン「げんきの郷」
あいち健康の森公園
森岡南
半田へ

思っいきり、バスケット、スケートボードが楽しめる!

半《はん》田《だ》運《うん》動《どう》公《こう》園《えん》

入園料タダ

知多半島のスポーツ、レクリエーションの拠点となっている運動公園。競技場、テニスコートをはじめ、約20種以上の遊具のある遊び場や芝生広場、さつき園、大池古窯、デイキャンプ場などがあり、家族やグループで一日楽しめる。

その中でも、無料で楽しめるスポットを紹介しよう。

スケートボードコーナー
(利用無料)
ボード持参。
ここで技をみがこう。

(ユニークなチューブすべり台)
目が回る。
冒険遊具
(ちゃぷちゃぷ池)
花の木園
第3 P
スケートボードコーナー
バスケットボールコーナー
ふれあい広場
多目的グラウンド
ディキャンプ場
第4 P
さつき園

半田運動公園

愛知県半田市池田町3-1-1
TEL (0569) 27-6663

入園料 ● 無料
開園時間 ● 9時～21時（4～11月）
9時～17時（12～3月）
休園日 ● 12/29～1/3
駐車場 ● 541台（バスも可）
交通 ● 半田常滑ICより常滑方面へ、車で7分
食事 ● 園内には、ジュース自販機があるだけ。お弁当持参がよい

冒険遊具
大型コンビネーション遊具が大人気。そのまわりには、児童向けの遊具や夏には水遊びができるちゃぷちゃぷ池がある。
モグラのトンネル
地下トンネルを探険しよう!

半田運動公園

バスケットボールコーナー（利用無料）
3on3やフリースローゲームが楽しめる。ボールは持参。
ピョーン
名古屋へ
矢田川橋南
155
大高ICへ
宝来町
265
知多半島横断道路
半田斎場
半田常滑IC
知多半島道路
半田運動公園
常滑へ
豊丘ICへ
陸上競技場
バスロータリー
第2P
第1P
大池古窯
（見学無料）建物の中に、平安時代の古窯跡が保存されている。休憩所でもある。
テニスコート
ちびっこ広場
（利用無料）ジャンボすべり台、ネットジャングル、ブランコ、砂場、ローラーすべり台など子どもに人気の遊具がいろいろ。
練習用テニスコート
（利用無料）練習用に2面あり、気軽に壁打ちができる。
宝来町交差点へ
ヤッタゾー
岩場
岩登り体験ができる。
パコーン！

おいしいえびせんべいが、いつ行っても試食できる

えびせんべいの里《さと》

入館料タダ

新鮮なえびを使ったパリパリのえびせんべいは南知多の名物。そのえびせんべい工場が見学でき、味見もでき、できたてのせんべいを即売しているのが、ここ「えびせんべいの里」。

美浜インター近くに位置し、知多半島観光のついでにチョット寄って、コーヒーを飲み、えびせんべいをつまむのがよい。

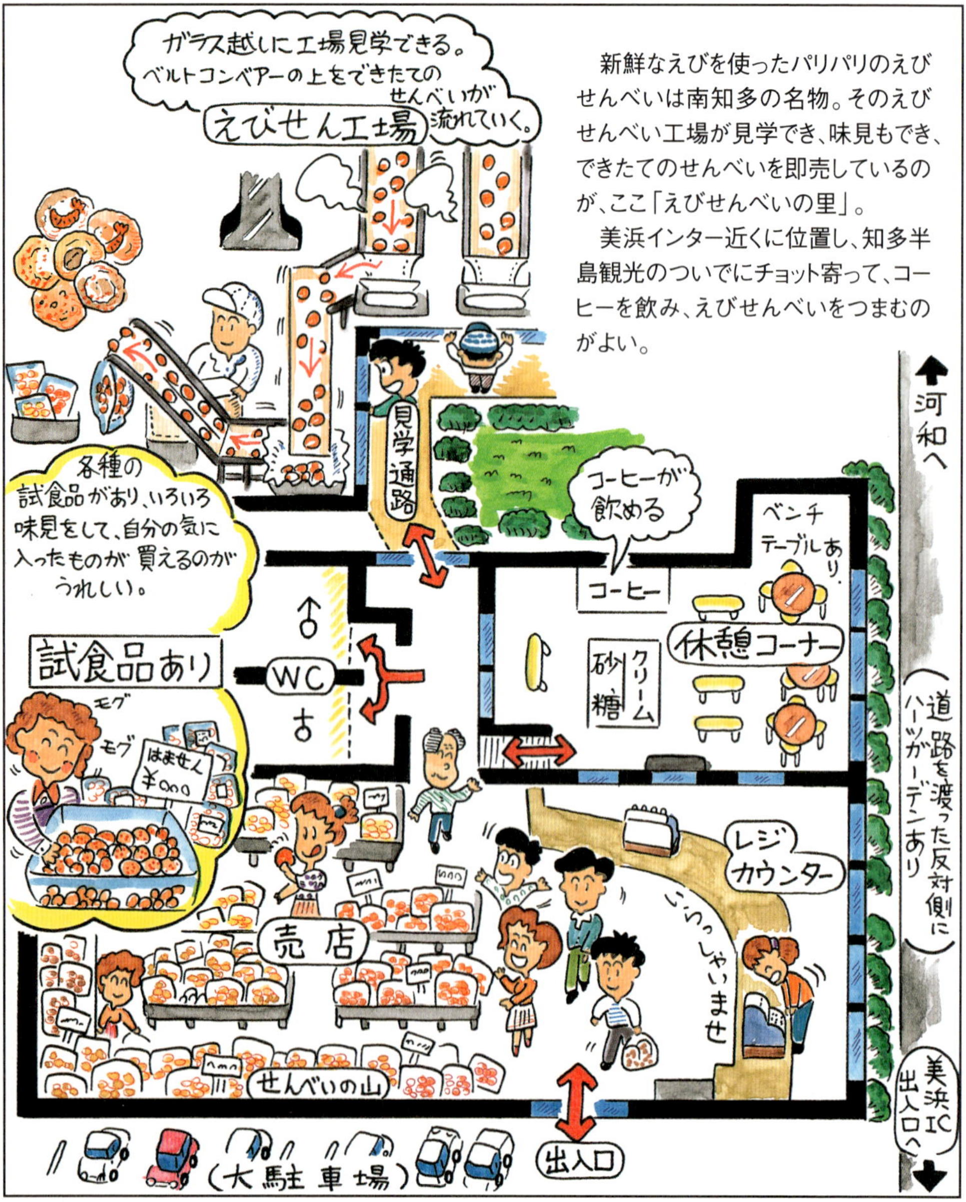
ガラス越しに工場見学できる。ベルトコンベアーの上をできたてのせんべいが流れていく。
えびせん工場
見学通路
各種の試食品があり、いろいろ味見をして、自分の気に入ったものが買えるのがうれしい。
試食品あり
モグ
モグ
はませんべい
WC
コーヒーが飲める
コーヒー
クリーム
砂糖
ベンチテーブルあり。
休憩コーナー
河和へ
（道路を渡った反対側にハーツガーデンあり）
レジカウンター
いらっしゃいませ
売店
せんべいの山
（大駐車場）
出入口
美浜IC出入口へ

えびせんべいの里

コーヒー飲み放題
セルフサービス
休憩コーナーでは
無料でコーヒーが
飲める。
おかわり自由!
ボタンを押す
コーヒー

Hearts Garden
ハーツ ガーデン
入場無料
枝先に垂れさがるように
かれんな花をつける「フクシア」。
そのフクシアを中心に、
庭園風にアレンジした、
"花の温室"。
ベンチあり、
ゆったりと
鑑賞できる。
フクシア

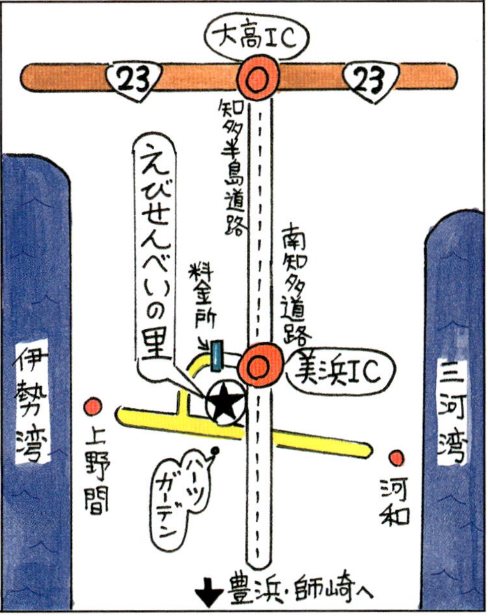
大高IC
23
23
知多半島道路
えびせんべいの里
料金所
南知多道路
美浜IC
伊勢湾
三河湾
上野間
河和
ハーツガーデン
↓豊浜・師崎へ

えびせんべいの里

愛知県知多郡美浜町大字北方
宇吉田流52-1
TEL (0569) 82-0248

入館料 ● 無料
開館時間 ● 8時〜17時
（ハーツガーデンは9時30分〜16時）
休館日 ● 年中無休
駐車場 ● 普通車500台
バス40台
交通 ● 南知多道路、美浜ICすぐ

電力館と憩いの公園がいっしょになったニュースポット

へきなんたんトピア

入園料タダ

電力館
石炭火力発電所のしくみを模型で紹介。発電や燃焼のしくみをゲームなどで体験できる、電気のPR館

ヒーリングガーデン
花と緑の憩いの空間。花だん、ウォーターガーデン、ロックガーデンなどあり。グリーンセンターでは、ここで見られる動植物の紹介映像を見ることができる。

エコパーク
池や小川、自然林あり。野鳥と昆虫など自然観察ができる。双眼鏡を持って行くと、よく観察できる。

花畑
あずまや
池
滝のガーデン
滝を裏から見ることができる
WC
歩道橋
小窓
半地下観察舎
鳥をおどろかさないように半地下式になっている
エコパーク
野鳥池
観察塀
小川にメダカがいる
(シロチドリ)
(チョウシャクシギ)

へきなんたんトピア

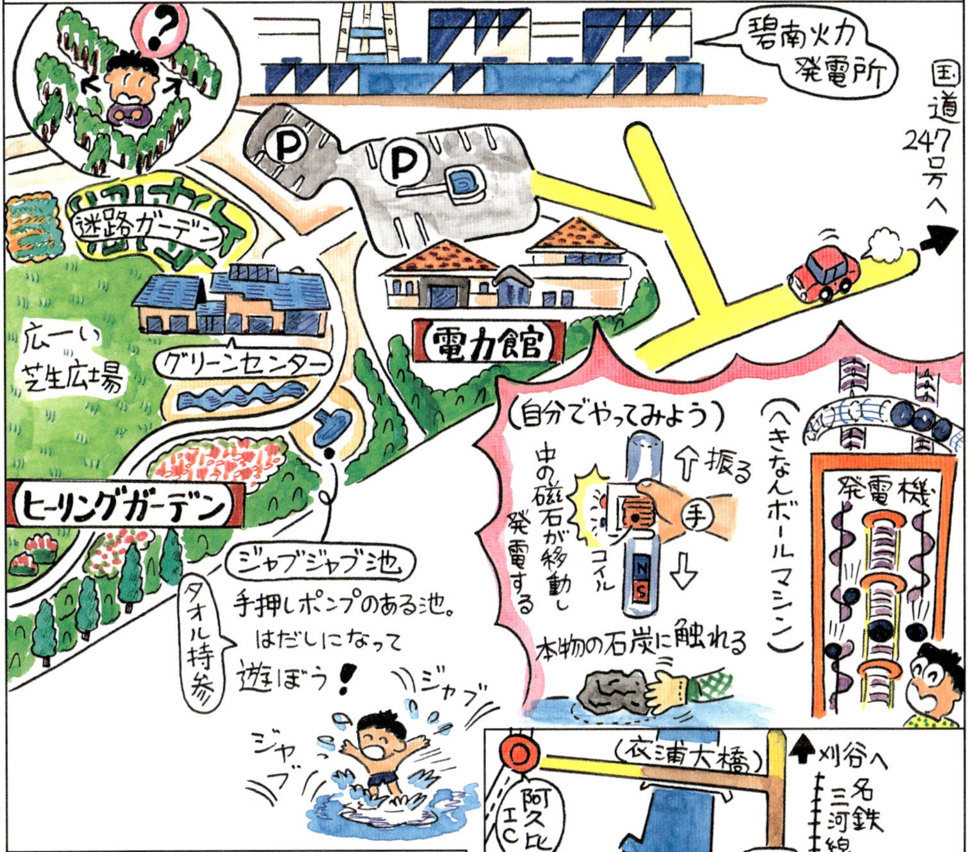

碧南火力発電所
国道247号へ
迷路ガーデン
広ーい芝生広場
グリーンセンター
電力館
ヒーリングガーデン
ジャブジャブ池
手押しポンプのある池。はだしになって遊ぼう！
タオル持参
ジャブ
ジャブ
（自分でやってみよう）
振る
手
中の磁石が移動し発電する
コイル
N
S
本物の石炭に触れる
（へきなんボールマシン）
発電機

（衣浦大橋）
刈谷へ
阿久比IC
名鉄三河線
247
碧南中央駅
碧南駅
海底トンネル
衣浦港
247
あおいパーク
へきなんたんトピア
矢作川
発電所

へきなんたんトピア

愛知県碧南市港南町2-8-2
TEL（0566）41-8500
（電力館）
TEL（0566）48-7236
（ヒーリングガーデン・エコパーク）

入園料 ● 無料
開園時間 ● 9時30分～17時
休園日 ● 月曜日（祝日の場合は翌日）、年末年始
駐車場 ● 50台、バスも可
交通 ● 知多半島道路阿久比ICより衣浦大橋経由、車で約30分

東《ひがし》公《こう》園《えん》・動《どう》物《ぶつ》園《えん》

入園料タダ

東公園は、3つの池のある丘陵地を利用した、自然と動物のふれあい公園。

ゾウ、サル、ラクダのいる動物園があり、初夏の花しょうぶ、秋の紅葉の名所である。

動物園は、入園無料で、親子連れにはうれしいスポットだ。

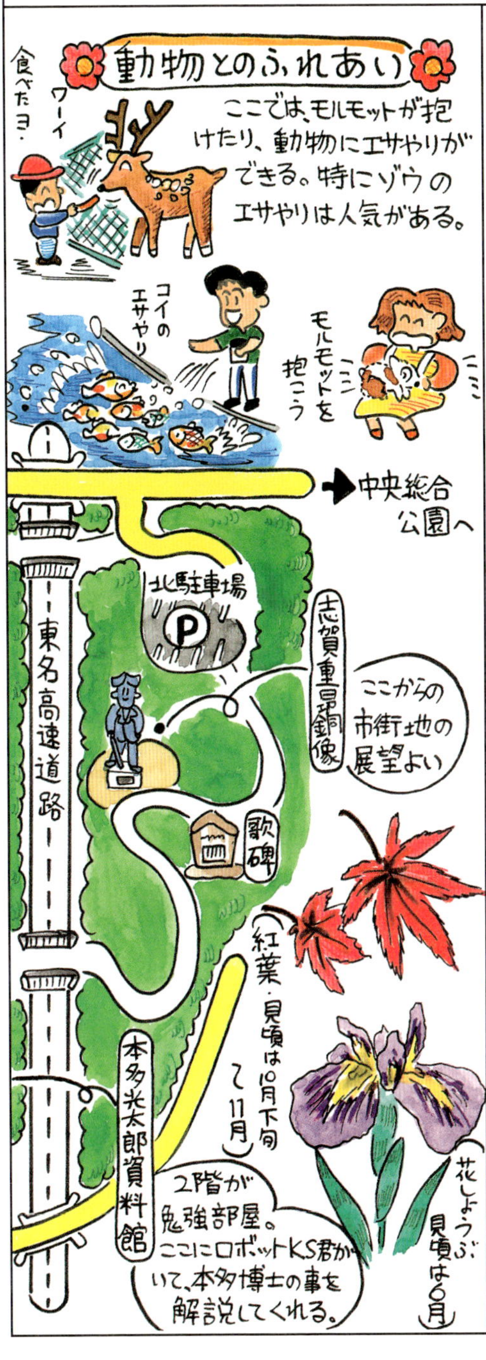
動物とのふれあい
ここでは、モルモットが抱けたり、動物にエサやりができる。特にゾウのエサやりは人気がある。
食べたヨ・
ワーイ
コイのエサやり
モルモットを抱こう
中央総合公園へ
東名高速道路
北駐車場
P
志賀重昂銅像
ここからの市街地の展望よい
歌碑
(紅葉・見頃は10月下旬〜11月)
本多光太郎資料館
2階が勉強部屋。ここにロボットK.S君がいて、本多博士の事を解説してくれる。
(花しょうぶ見頃は6月)

東公園・動物園

愛知県岡崎市欠町大山田1-1
TEL (0564) 24-0050

入園料 ● 無料
休園日 ● 年中無休
動物の見ることができる時間
● 10時〜15時30分
駐車場 ● 350台(2ヶ所、夜間閉鎖)
食事 ● 園内にジュースの自販機、売店あり。売店では、軽食ができる
交通 ● 東名高速道路岡崎ICより豊田方面へ1Km
名鉄東岡崎駅よりバスで20分「東公園口」下車、徒歩5分

(動物のエサやり)
エサ ● 1皿50円
ゾウ、サル、シカ、コイ、水鳥にエサやりができる

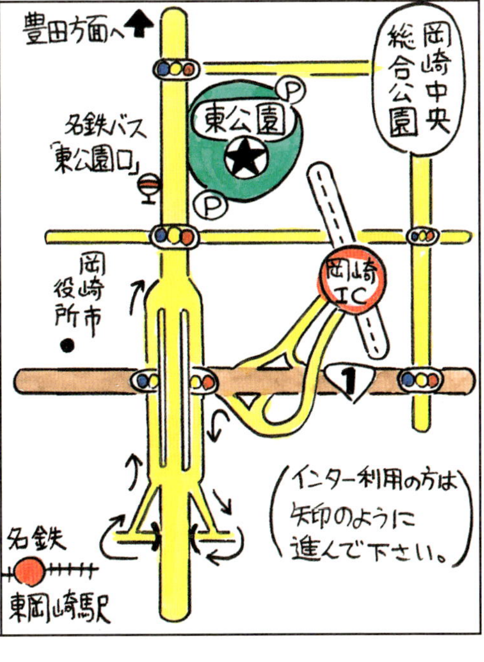
豊田方面へ
岡崎中央総合公園
P
東公園
名鉄バス「東公園口」
P
岡崎市役所
岡崎IC
1
インター利用の方は矢印のように進んで下さい。
名鉄
東岡崎駅

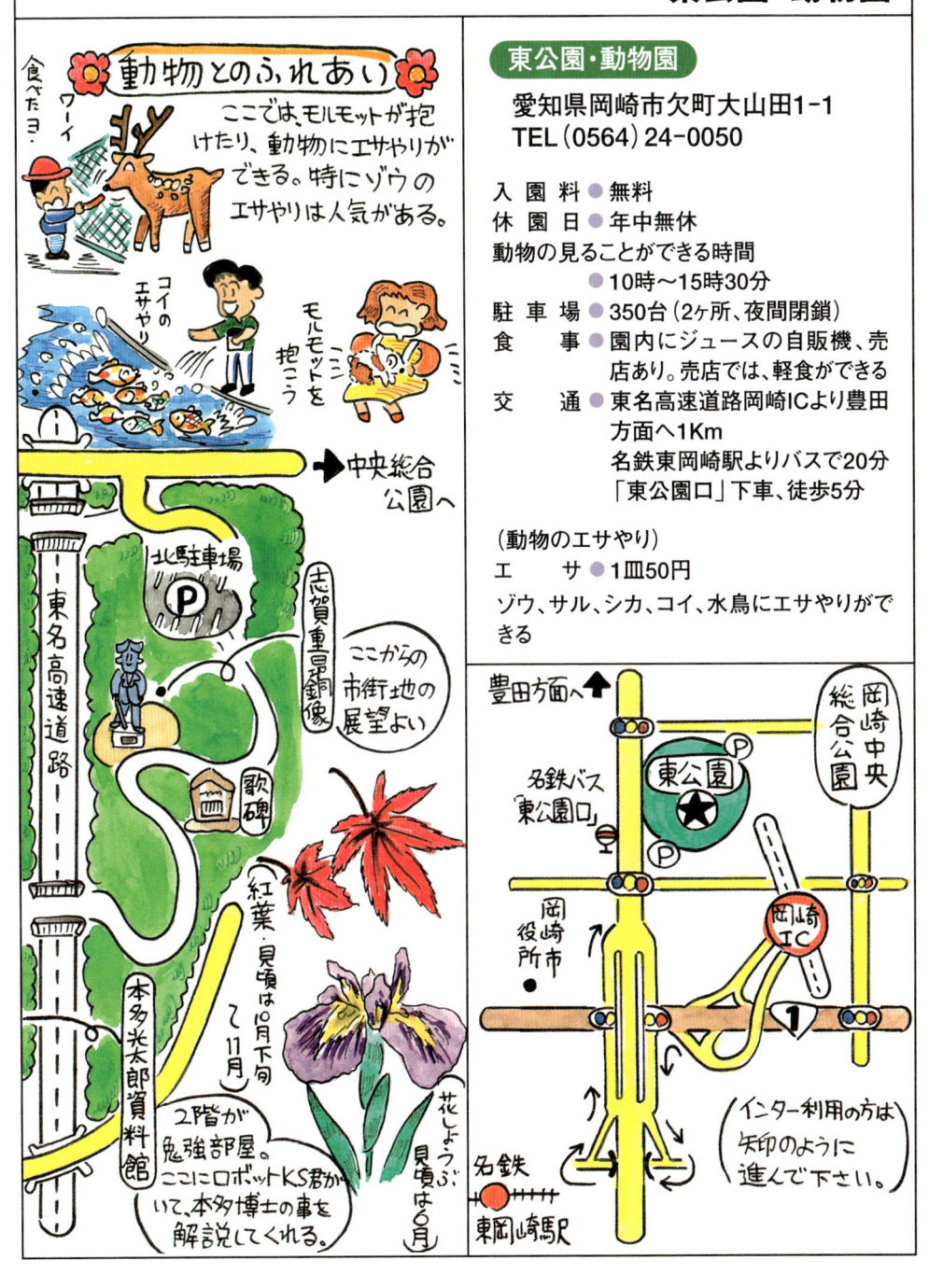

ぎょぎょランド（赤《あか》塚《つか》山《やま》公《こう》園《えん》）

入館料タダ

［ぎょぎょランド］

公園内にある入館無料の水族館。豊川にすむ魚たちを集めてある。水槽は、上流、中流、下流、河口と分け、大小の魚が泳ぐ。また、美しい外国産の魚も見られる。

［アニアニまあるい］

ポニー、ロバ、ニワトリ、ウサギなどの小動物たちのふれあい動物広場。ユニークな巨大ニワトリのモニュメントに登ったり、内部に入って遊ぶこともできる。

アクアギャラリー
日本にいる小型の魚や両生類、世界の美しい熱帯魚を展示。
◀パールグラミィ
▼ピラニアナッテリィ

流れの水槽
滝や流木、水草や岩などありの、川のイメージを再現した水槽。
いっぱい
イワナ
ウグイ
水槽のガラスにくっつく
カワヨシノボリ
いろいろの所から水が吹き出ていたり、流れていたりの
ユニークな水遊び場！
ウッヒー！
夏はにぎわう
水の広場

ぎょぎょランド（赤塚山公園）

滝
しょうぶ園
池
梅園
赤塚山公園
山頂
森のテラス
アニアニまあある
ぎょぎょランド
グラウンド
古墳
水の広場
P
メエー
コッコッ
コッ
ニワトリは放し飼い
県道31号へ

自販機コーナーあり　ぎょぎょランドのロビー横に、焼きおにぎり（軽食）、アイスクリーム、ジュースなどの自販機あり。

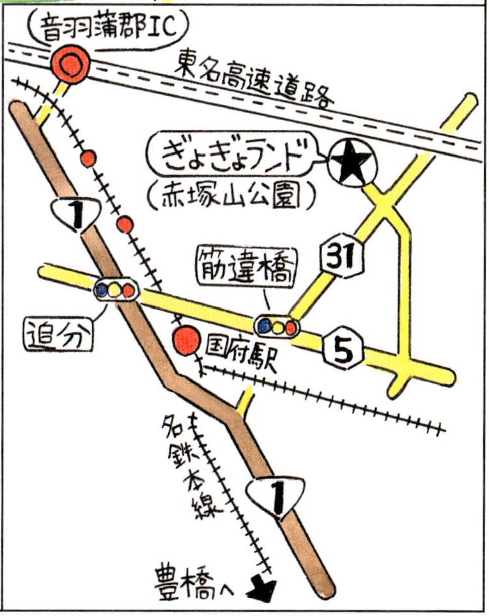

音羽蒲郡IC
東名高速道路
ぎょぎょランド
（赤塚山公園）
1
31
筋違橋
追分
5
国府駅
名鉄本線
1
豊橋へ

ぎょぎょランド（赤塚山公園）

愛知県豊川市市田町東堤上1-30
TEL（0533）89-8891

入園料	無料
開園時間	9時～17時
休園日	火曜日、祝日の翌日、年末年始
駐車場	327台（バスも可）
交通	音羽蒲郡ICより車で15分

ユニークアスレチック遊具で、おもいっきり遊ぼう!

新《しん》城《しろ》総《そう》合《ごう》公《こう》園《えん》・わんぱく広《ひろ》場《ば》

入場料タダ

新城総合公園・わんぱく広場

愛知県新城市浅谷字ヒヨイタ40
TEL（0536）25-1144

入場料 ● 無料
駐車場 ● 東側（200台、バスも可）が便利（夜間閉鎖）
交通 ● 東名高速豊川ICより国道151号利用、車で30分
食事 ● 広場内にジュース自販機あり。食事処、売店がないので、お弁当を持って行こう

新城総合公園にある子どもの無料遊び場。芝生斜面に、「城攻め」をテーマにしたアスレチック遊具がそろっていて楽しい。

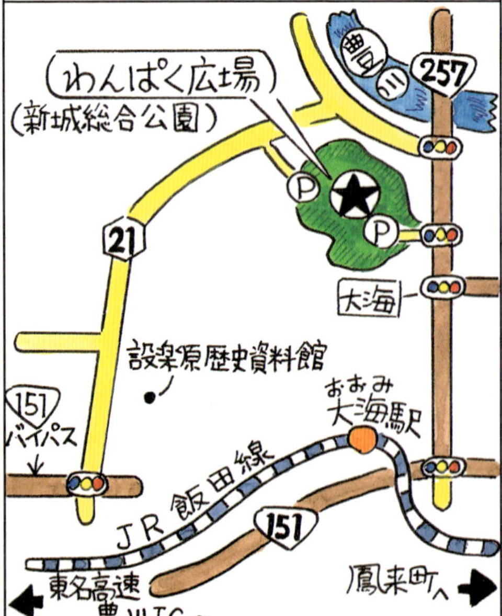

わんぱく広場
（新城総合公園）
豊川
257
P
P
21
大海
設楽原歴史資料館
151
バイパス
おおみ
大海駅
JR飯田線
151
東名高速
豊川ICへ
鳳来町へ

子どもの森
砂場・動物の置物
キノコのテーブル、
幼児向けです。
WC
展望台
忍び丸太
斜面城遊具
忍びステップ
ピョーン
里のすべり台
複合遊具

新城総合公園・わんぱく広場

二の丸
ローラーすべり台
城郭遊具
城門遊具
ジュース自販機
防護柵くずし
合戦場遊具
出城渡り
城下町遊具
噴水
WC
ジュース自販機
らせんスライダー
わんぱく広場
管理棟
東側 P
21
257
新城総合公園
わんぱく広場
(西側) P
スポーツエリア
P (東側)
ニュースポーツ広場
グラウンドゴルフ、ディスクゴルフ場、利用無料、道具持参
くぐり板
すばやく通り抜ける
乱れ丸太
防護ネット
トォー!
歩兵くぐり
ウォー!

自然の中での動物たちとのふれあいの場

ふれあい牧場《ぼくじょう》・高原《こうげん》ハウス

入場料タダ

ふれあい牧場・高原ハウス

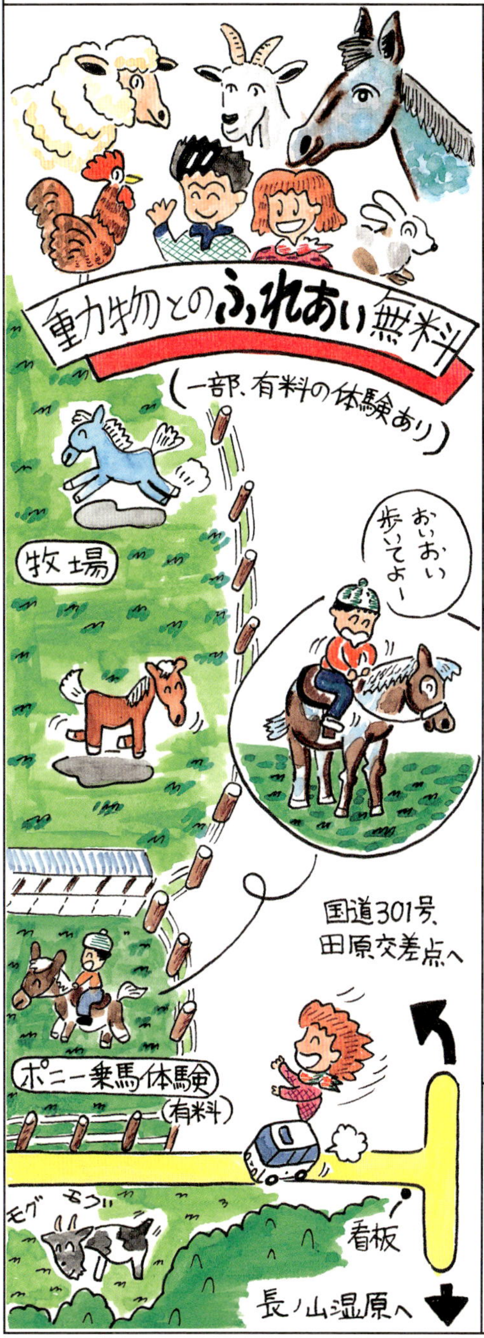

動物とのふれあい無料
(一部、有料の体験あり)
牧場
おいおい歩いてよー
国道301号、田原交差点へ
ポニー乗馬体験(有料)
モグ モグ
看板
長ノ山湿原へ

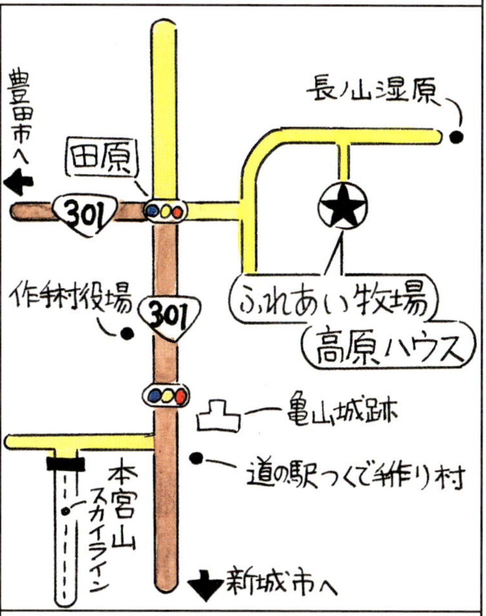

豊田市へ
田原
301
長ノ山湿原
作手村役場
301
ふれあい牧場
高原ハウス
亀山城跡
道の駅つくで手作り村
本宮山スカイライン
新城市へ

ふれあい牧場・高原ハウス

愛知県南設楽郡作手村大字田原
TEL (0536) 37-2288

入場料	無料
営業時間	4月～9月 9時30分～日没 10月～3月 10時～日没
休業日	木曜日(祝日の場合は開業)
駐車場	30台
交通	豊田市中心より国道301号利用、車で1時間

奥三河の作《つく》手《で》村《むら》にある、ふれあい牧場。ここでは、うさぎ、やぎが放し飼いになっていて、自由にさわったりできる。ポニー、うま、ひつじは柵があるけど、人が近づくとこちらへやって来てくれるのが、かわいい。

トヨタの森《もり》（エコの森《もり》ハウス）

入館料タダ

トヨタの森

環境問題において、里山の「力」を見直し、活用しようとする実験森。「整備」「保全」「活用」の3つのゾーンに分け、整備研究している。

一般の方にも開放していて、手軽に里山の自然にふれられる遊歩道がある。

エコの森ハウス

昔から人々は、森と共に生きてきた。植物から酸素を、木々から家や炭をコウゾから和紙を人々に与えてきた。

そして、今、里山の森を見直し、自然との共生をテーマにした、環境学習施設だ。ゴミ問題、温暖化問題などのテーマをパネルや展示物で学習できるようになっている。

←矢作川へ
出入口
P
クエルカス見本林
エコの森ハウス
天然ツツジ育成

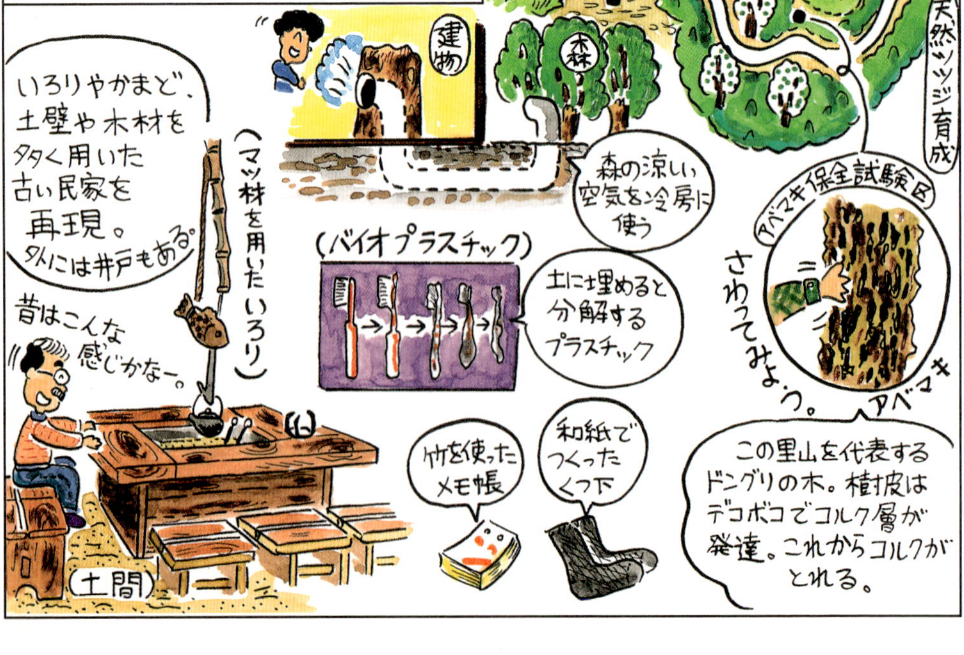

いろりやかまど、土壁や木材を多く用いた古い民家を再現。外には井戸もある
建物
森
森の涼しい空気を冷房に使う
（マツ材を用いたいろり）
昔はこんな感じかなー。
（土間）
（バイオプラスチック）
土に埋めると分解するプラスチック
竹を使ったメモ帳
和紙でつくったくつ下
アベマキ保全試験区
さわってみよう。
アベマキ
この里山を代表するドングリの木。樹皮はデコボコでコルク層が発達。これからコルクがとれる。

トヨタの森（エコの森ハウス）

ハッチョウトンボ
日本最小のトンボ。
体長15mm。
6～9月頃に見られる。
ヨシ
ハッチョウトンボのいる湿地
西ゲート
フォレスタヒルズ
案内図
ホテルフォレスタ
西ゲート
プール
東ゲート
トヨタの森
テニスコート
テニスコート
野鳥池
トヨタの森
湿原
シデコブシ保全試験区
注意
夏期、蚊が
発生するので、防虫スプレー、
虫さされの薬などが必要
シデコブシ
3～4月、葉より先に
香りのよい花が咲く。

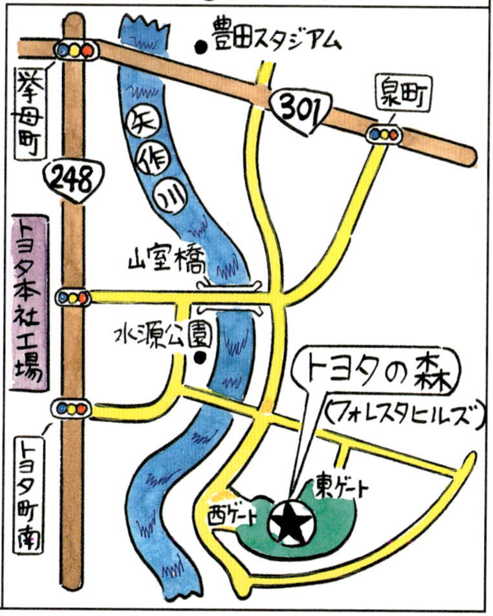

豊田スタジアム
挙母町
301
泉町
248
矢作川
トヨタ本社工場
山室橋
水源公園
トヨタの森
（フォレスタヒルズ）
東ゲート
西ゲート
トヨタ町南

トヨタの森・エコの森ハウス

愛知県豊田市岩倉町一本松
TEL（0565）58-2736

- 入館料 ● 無料
- 開館時間 ● 9時～16時30分
- 休館日 ● 日曜日、ゴールデンウィーク、夏季、年末年始の長期連休期間
- 駐車場 ● 15台。その他、フォレスタヒルズ内の駐車場（計500台）利用可。
- 交通 ● 挙母町交差点より車で10分

豊《とよ》田《た》スタジアム・スポーツプラザ

遊びタダ

名鉄豊田市駅へ
矢作川
豊田大橋
千石公園
広場の斜面を利用した遊具で、19種類の遊び方ができる。
ギューン
スライダー
スタジアムのまわりも、こんなに無料遊び場あり。
広ーい広場で、ボール遊びなど自由に遊べる。
自然観察水路
芝生広場
フリスビー
水場
コンビネーション遊具
まわりは芝生広場で、夏には噴水で水遊びする子どももいる。
デカイ
豊田スタジアム
レストラン
4F
アスファルト
多目的広場
地下Ⓟへ
大噴水
スポーツプラザ
(B1F、B2F)
ゲート
せせらぎ緑道
国道153号へ
301
ゲート
小川は浅く水遊びができる。
バシャ
駐車場料金
3時間までは無料。3時間をこえると、30分ごとに150円をゲートにて駐車券を使って精算。

豊田スタジアム・スポーツプラザ

スポーツプラザ

愛知県豊田市千石町7-2
TEL（0565）87-5200

入場料	●スポーツプラザ：無料 ●温水プール：有料
利用時間	●3/1～11/30（日曜日を除く）は9時～21時 12/1～翌2月末日および日曜日は9時～19時
休館日	●12/28～1/4、その他、イベントがある時は休館する場合あり
駐車場	●地上400台、地下200台（バスも可）
交通	●東名高速豊田ICより車で20分 名鉄豊田市駅より徒歩15分

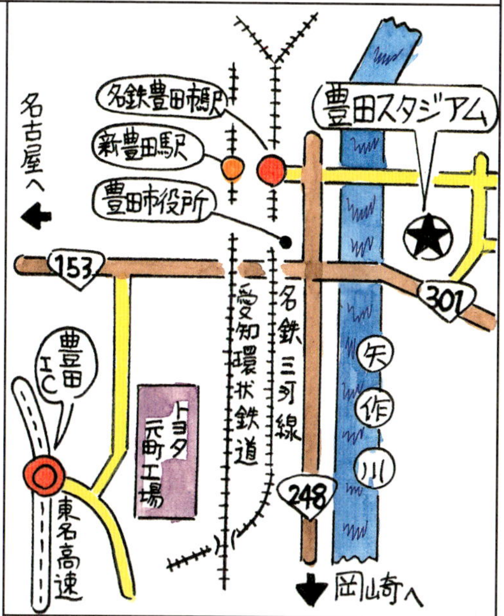

名鉄豊田市駅
新豊田駅
豊田市役所
豊田スタジアム
名古屋へ
153
301
豊田IC
トヨタ元町工場
愛知環状鉄道
名鉄三河線
矢作川
248
東名高速
岡崎へ

スポーツプラザ

スタジアム南側の地下にある遊びスポット。ここのプレイルームに無料遊具（幼児コーナーもある）があり、子どもたちが楽しんでいました。売店では喫茶もあり、親は休憩コーナーでお茶します。

B2F（温水プール）
休憩コーナー
チャレンジコーナー
B1F（スポーツプラザ）
案内
売店
WC
プレイルーム
出入口

一部チャレンジコーナーでは有料でキックゲーム、卓球ゲームができる。
ボールプール 無料
コンビネーション遊具 無料
サッカーゲーム 無料
5
バスケットゲーム 無料

トヨタ鞍《くら》ヶ《が》池《いけ》記《き》念《ねん》館《かん》

入館料タダ

トヨタ自動車の創業期の歩みを写真パネルや実車などで紹介。静かでゆったりとした展示館でよい。

トヨタ自動車の創業者、豊田喜一郎氏が歩んできた、車造りの業績を体系的に展示している。

トヨダAA型乗用車
1936年。トヨタ初の乗用車第1号。まっ黒な流線形ボディーをしたクラシックカー。ドアは珍しい観音開き。

1955年。フロントガラスが2枚で、中央にサンが入っている。ドアは観音開き。
トヨペットクラウンRS型

ジオラマ
豊田自動車総合運行テストなど4場面を紹介。
1935年、9月
初秋の午後に
豊田喜一郎氏の自動車造りでの印象的な場面を、精巧なジオラマで、ドラマ風に解説している。
これは、なかなかものである

トヨタ鞍ヶ池記念館

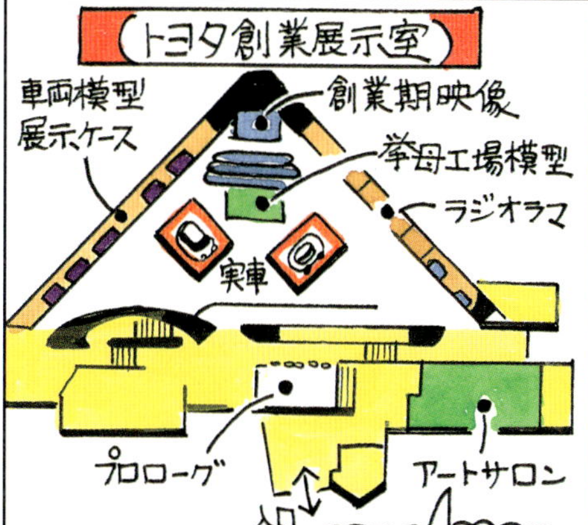

トヨタ創業展示室
車両模型展示ケース
創業期映像
挙母工場模型
ラジオラマ
実車
プロローグ
アートサロン
入口

トヨタ自動車所蔵の絵画などを、一般に公開する美術コーナー

トヨタの車造りを立体映像で見せる
ヘッドホンをつける
創業期映像

旧豊田喜一郎邸

1933年、名古屋市八事に建てられた住宅をここに移築。モダンな温室付きの建物。入館はできないので外から見学。前庭は、きれいな花だんとなっている。

南フランスを思わせるしゃれた洋館
トヨタ創業展示室
ココです
バルコニー
P

トヨタ鞍ヶ池記念館

愛知県豊田市池田町南250
TEL（0565）88-8811

入館料	無料
開館時間	9時30分～17時
休館日	月曜日（祝日の場合は翌日）、春期、夏期、年末年始の会社連休日ほか
駐車場	22台　バス6台
交通	豊田市駅より名鉄バスで「鞍ヶ池公園」下車、徒歩3分

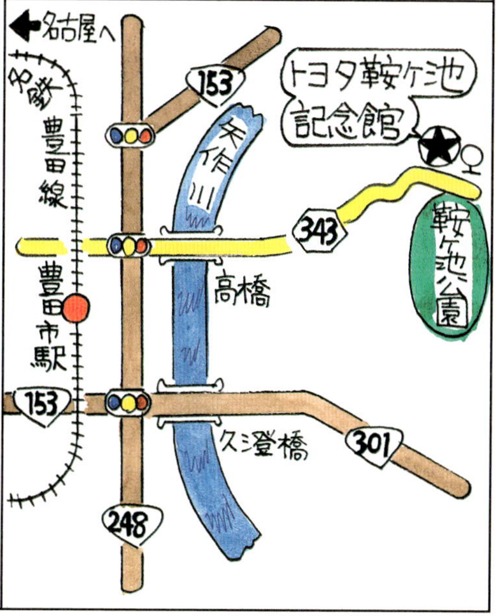

名古屋へ
名鉄豊田線
153
矢作川
トヨタ鞍ヶ池記念館
343
鞍ヶ池公園
高橋
豊田市駅
153
久澄橋
301
248

季節の花と32のアスレチックが楽しめる市民公園

長《なが》良《ら》公《こう》園《えん》

パターゴルフ タダ

長良公園

長良公園

岐阜市長良城ノ内1466-10
（長良高校東側）
TEL（058）232-6709

入 園 料 ● 無料
休 園 日 ● 火曜日（祝日の時は翌日）
（駐車場、管理事務所、沈床花園のみ休み）
駐 車 場 ● 107台（夜間閉鎖）
交　　通 ● ㊢国道256号を高富方面へ、交差点「長良北町」を東へ5分
（バス）新岐阜駅より岐阜バスおぶさ行きで「長良高前町」下車

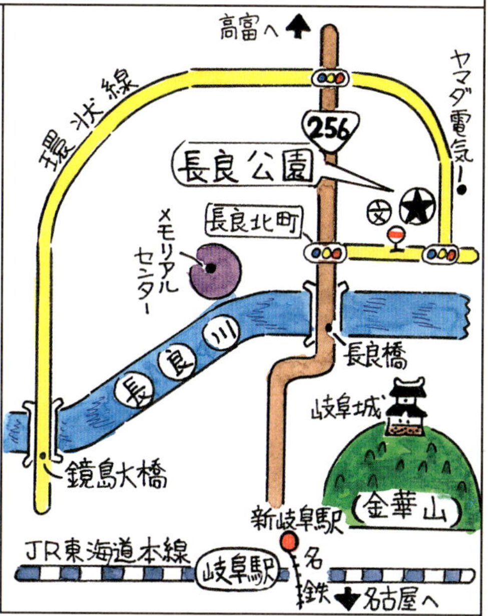

長良公園

この公園は、充実したフィールドアスレチックやパターゴルフなどで体を動かしたり、四季の花を眺め、木かげで休憩できるようになっている。

子どもたちに1番人気は、32ポイントもあるフィールドアスレチックで、かなりの運動量を要する。

軽スポーツ研修センター

休館日 ● 月曜日、木曜日

パターゴルフ、ディスクゴルフの受付と用具の無料貸し出しをしている。

小動物から花や緑の木々まで、最適な憩いのスポット

岐《ぎ》阜《ふ》市《し》畜《ちく》産《さん》センター

入園料タダ

山々の緑に囲まれたエリアに、のんびりと、牛、豚、馬やニワトリたちの家畜動物や小動物が飼われている。

小動物たちとのふれあい広場や、芝生広場、子ども遊具のある広場など思いっきり遊べるコーナーがいろいろ。また、サクラ、バラ、ショウブなど、花園もあり家族そろっての散策によい。入場無料で、とても人気のある所です。

少年の家
ハナショウブ園
児童広場
植物園
ビジターハウス
バラ園
みつばちの家
P
WC
朝市広場
泥遊びが気持ちいいワー
ブー!
コンニチハ
木曽馬、乳牛、ヤギ、ヒツジ、ロバ、ミニチュアホース、ブタなどの動物が飼育されている。
放牧場
金華橋へ

岐阜市畜産センター

展望台
遊びの広場
けんこう広場
フルーツの森
交通教室
アジサイ
P
WC
ドングリの木あり
ジュース自販機
売店
WC
WC
ブーメラン
ボール遊び
凧あげ
鬼ごっこ
遊びいっぱい
広ーい
芝生広場
小川
鳥舎
児童遊具
ふれあい広場
岐阜薬科大学薬草園
鳥舎
117科
700種ほどの薬用植物を栽培展示。

岐阜市畜産センター

家畜ふれあい広場

定休日●月曜日（祝日の場合は翌日）、雨の日

入場●小学生以下の児童

ウサギ、アヒル、ニワトリ、子ブタが放し飼いで、いっしょに遊ぶことができる。

朝市

日時●第2、第4日曜日
（4月～10月はAM6:45～
11月～3月はAM7:30～）

新鮮な地元産の野菜を安く販売。

花見頃

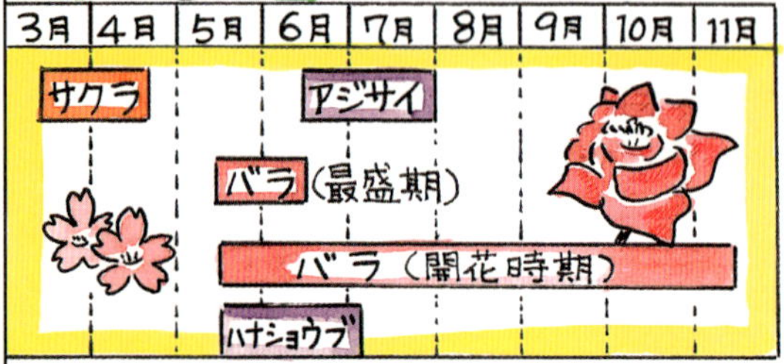
3月
4月
5月
6月
7月
8月
9月
10月
11月
サクラ
アジサイ
バラ（最盛期）
バラ（開花時期）
ハナショウブ

けんこう広場

ロッククライミング、丸太登りなどの木製アスレチック遊具あり。

遊びの広場

ローラーすべり台、ブランコ、砂場など幼児用遊具あり。

交通教室

定休日●月曜日、祝日の翌日

子どもたちが自転車、足踏みゴーカートに乗って、信号機などのあるコースを自由に走って、交通知識や道徳を学ぶことができる。

キコ
キコ

ハイキングコース

延長約1.8kmの自然散策コース。新緑と紅葉の時期のハイキングがよい。途中、フルーツの森（スモモ、ビワ、キーウイなど）や展望台がある。

岐阜市畜産センター

岐阜市椿洞776-4
TEL（058）232-7181

入園料●無料
開園時間●終日
休園日●年中無休
食事●小さな売店が1軒あるだけなので、お弁当、飲物は持参した方がよい。
駐車場●650台（バスも可、夜間閉鎖）
交通●金華橋より北へ車で20分

岐阜薬科大学薬草園

公開日●5月～10月の月、水、金、日曜日
（ただし祝日と8月は休園）

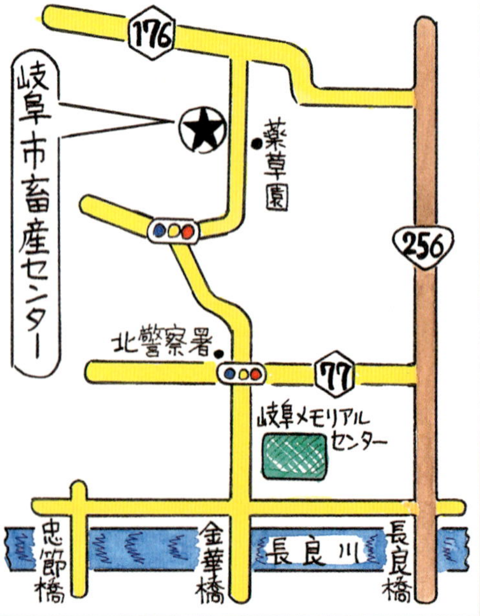
176
岐阜市畜産センター
薬草園
256
北警察署
77
岐阜メモリアルセンター
忠節橋
金華橋
長良川
長良橋

みつばちの家《いえ》

入館料タダ

ミツバチの飼育
人形です
人形です
ブーン
ホース
外
内
ガラス張り
ギョッ!
ミツバチの巣
館内に生のミツバチの巣があり観察できる

ミツバチに関する資料展示館。ミツバチの歴史と生態、ハチミツができるまでなど13のコーナーに分かれていて、パネルや道具、資料などで紹介している。

女王バチの鳴き声が聞ける
ピィ
ピィ
体験コーナー
顕微鏡を使ってハチの羽根や針を見る
巣板
遠心分離器
巣を回転させてハチミツを取り出す
燻煙器
煙
煙をミツバチに吹きかけるとおとなしくなる

みつばちの家

岐阜市畜産センター内
TEL（058）294-2002

入館料 ● 無料
開館時間 ● 9時30分～16時30分
休館日 ● 月曜日、12月～2月
駐車場 ● 畜産センター駐車場を利用

日本初のくすりの総合資料館。常時3,000点の資料を展示

内《ない》藤《とう》記《き》念《ねん》くすり博《はく》物《ぶつ》館《かん》

入館料タダ

日本唯一のくすりの博物館。薬と医学に関する資料を分類展示。常設展示コーナーのほか、企画展示コーナー、健康チェックコーナー、休憩コーナーがある。また、オリジナルグッズの販売もしている。

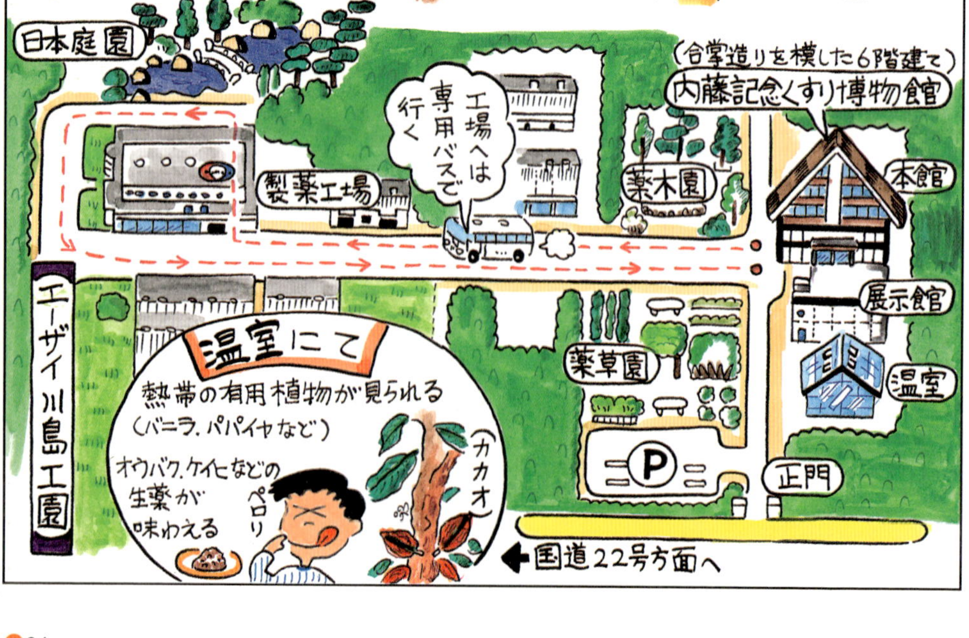

内藤記念くすり博物館

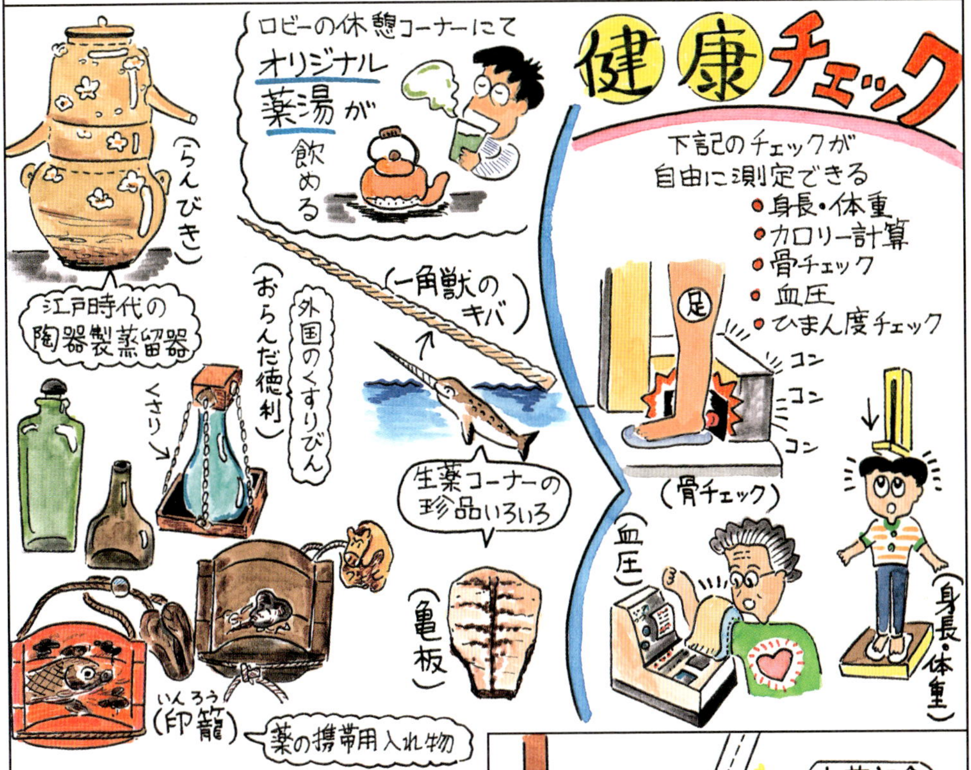

ロビーの休憩コーナーにて
オリジナル
薬湯が
飲める
(らんびき)
江戸時代の
陶器製蒸留器
(おらんだ徳利)
外国のくすりびん
(一角獣のキバ)
くさり
生薬コーナーの
珍品いろいろ
(亀板)
(印籠《いんろう》)
薬の携帯用入れ物
健康チェック
下記のチェックが
自由に測定できる
●身長・体重
●カロリー計算
●骨チェック
●血圧
●ひまん度チェック
足
コン
コン
コン
(骨チェック)
(血圧)
(身長・体重)

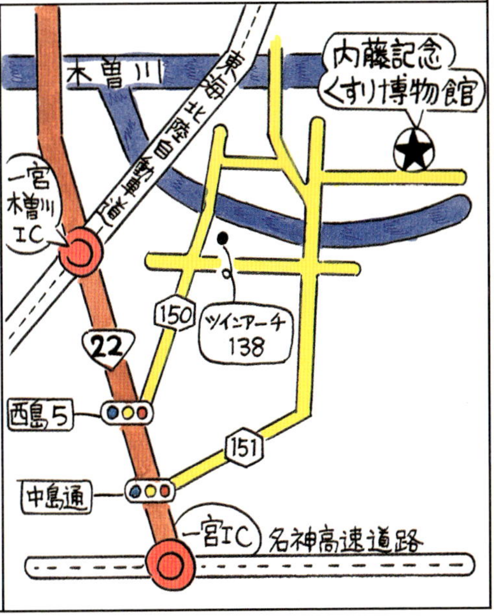

木曽川
東海北陸自動車道
内藤記念
くすり博物館
一宮
木曽川
IC
150
ツインアーチ
138
22
西島5
151
中島通
一宮IC
名神高速道路

内藤記念くすり博物館

岐阜県羽島郡川島町竹早町
エーザイ川島工園内
TEL (0586) 89-2101

入館料 ● 無料
開館時間 ● 9時～16時
休館日 ● 月曜日、年末年始
駐車場 ● 40台、バスも可
交通 ● 一宮ICより車で35分

製薬工場見学あり

申込方法 ● 博物館に電話予約(10名以上)
見学日時 ● 火～金曜日の午前10時30分と午後1時30分からの1日2回
所要時間 ● 45分

水と水の生き物たちとの、ふれあい自然公園

河《か》川《せん》環《かん》境《きょう》楽《らく》園《えん》

入園料タダ

国道21号へ
西口
自然共生研究センターの研究棟には、見学できるビジタールームと図書室がある。ビジタールームでは、実験河川のパネル展示がしてあり、図書室では全国主要河川の資料がそろっている。屋上は展望台。
(研究棟)
自然共生研究センター
木曽川水園
ビオトープ水路
レストラン
(川島PA)
自然発見館
・実験河川・パネル
カードを置くと、その説明をしてくれる。
自然とどのように

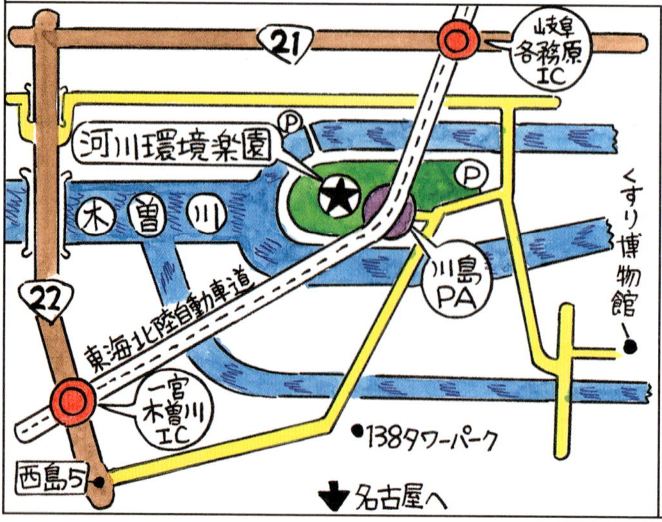

21
岐阜各務原IC
河川環境楽園
木曽川
くすり博物館
川島PA
22
東海北陸自動車道
一宮木曽川IC
・138タワーパーク
西島5
名古屋へ

一宮木曽川ICへ
オアシスパーク内のビオトープ水路横にある霧の遊び場。霧と噴水で子どもはビショビショ!
ワハッハ

河川環境楽園

河川環境楽園は、川と遊べて、川を学べる広い自然複合型公園。

人工川あり、芝生公園、大型遊具、そして、コンビニや水中探索レストラン、ゲームセンターまでそろっていて、おもいっきり楽しめる。

無料のおすすめは、何と言っても「木曽川水園」。そして、オアシスパーク内の池や水路がおもしろい。人が少なくゆったり自然を楽しむなら河の森散策がよい。また、自然共生研究センターの建物内には、入場無料の展示室があり、見学してみるのもよい。

河川環境楽園

岐阜県羽島郡川島町笠田

〔木曽川水園、自然発見館
TEL (0586) 89-7022〕

〔世界淡水魚園 (愛称オアシスパーク)
TEL (0586) 89-6766〕

駐車場 計1150台 (バスも可)

●東口駐車場、西口駐車場

開場時間 ● 3～5月　9時30分～18時
6～8月　9時30分～19時
9～2月　9時30分～17時

休　場　日 ● 第2月曜日 (祝日の場合は翌日)、12/25～12/30

●中央駐車場、ハイウェイオアシス駐車場

開場時間 ● 9時30分～24時

休　場　日　年中無休

世界淡水魚園 (愛称オアシスパーク)

入　園　料 ● 無料

開園時間　9時30分～24時

水中探索レストラン、特産品販売所、アミューズメント施設、川島PA内商業施設などあり。各施設はそれぞれ少しずつ営業時間がことなる。また、魚の遊具、ビオトープ水路 (チョウザメ、コイがいる) などあり。

自然共生研究センター

TEL (0586) 89-6036

河川、湖沼の生態系保全の研究を行なう建設省土木研究所の施設。少し離れた所に実験河川がある。

木曽川水園

本書69ページのデータを見て下さい。

交通

- 東海北陸自動車道　川島PAより徒歩1分
- 国道22号より一般道利用、車で20分水遊び、自然観察で自然とのふれあいがグー!

木《き》曽《そ》川《がわ》水《すい》園《えん》

入園料タダ

木曽川の上流から下流までを模した自然遊園。いろいろな自然観察ができて楽しい。また、ミニガイドに参加すれば、安全で手軽に自然とふれあえるので、親子連れにとても人気がある。

棚田
農家
ワーイ!
じゃぶじゃぶの河原
子どもたちの一番の水遊び場。夏は特にいい。
コイ
カモ
乗り場
舟遊び
(有料)
自然発見館
芝生広場
中央駐車場へ
オアシスパーク

木曽川水園

木曽川水園・自然発見館

岐阜県羽島郡川島町笠田 河川環境楽園内
TEL (0586) 89-7022

入園料 ● 無料
開園時間 ● 3〜5月　9時30分〜18時
6〜8月　9時30分〜19時
9〜2月　9時30分〜17時
休園日 ● 第2月曜日（祝日の場合は翌日）、12/25〜12/30

自然発見館

川の自然環境や生態の学習と実験ができる場。自然をテーマにした体験教室、工作教室（有料・無料あり）あり。ミニガイドの受付もやっている。

●ミニガイド●（無料）
専門のネイチャーガイドと共に、木曽川水園を歩いて、自然観察ができる。

●セルフガイド「ネイチャーガイド」●（無料）
館内にあるガイドシートを使って、自分で園内を歩いてたしかめてみよう。

さぼう遊《ゆう》学《がく》館《かん》

入館料タダ

　羽根谷だんだん公園にある、日本初の「砂防を楽しみながら学習する展示館」。ビデオで学ぶ映像学習室、パネルと展示物のある展示スペース、ゲームで学ぶ遊技スペースがある。野外の公園ではハイキングやバーベキューが楽しめる。

土石流実験装置
解説ビデオ
自分で小石を置いてスタートさせる。
バケツに小石が用意してある

ドッドッ
ガラガラ
ドッドッ
砂防ダムがないと家や橋、車がメチャクチャに壊れてしまう。
パソコンゲーム
岐阜県の自然科学、砂防、暮らしなどに関するゲームができる。
問題
これかな?
スタンプラリー
スタンプラリーもんだい
・遊学館でカードとエンピツをかりる
・野外の①〜⑤のポイントにあるスタンプ台をさがす
・スタンプ台にカードを置いてエンピツでこする
・竜の形のカードを遊学館に持っていくと合格スタンプが押してもらえる
サイクルゲーム
「土石流とおいかけっこ」
ウワ!
ゴーゴー
逃げろ!
スクリーンに映る土石流がせまってくる
土石流の速さは時速30km

さぼう遊学館

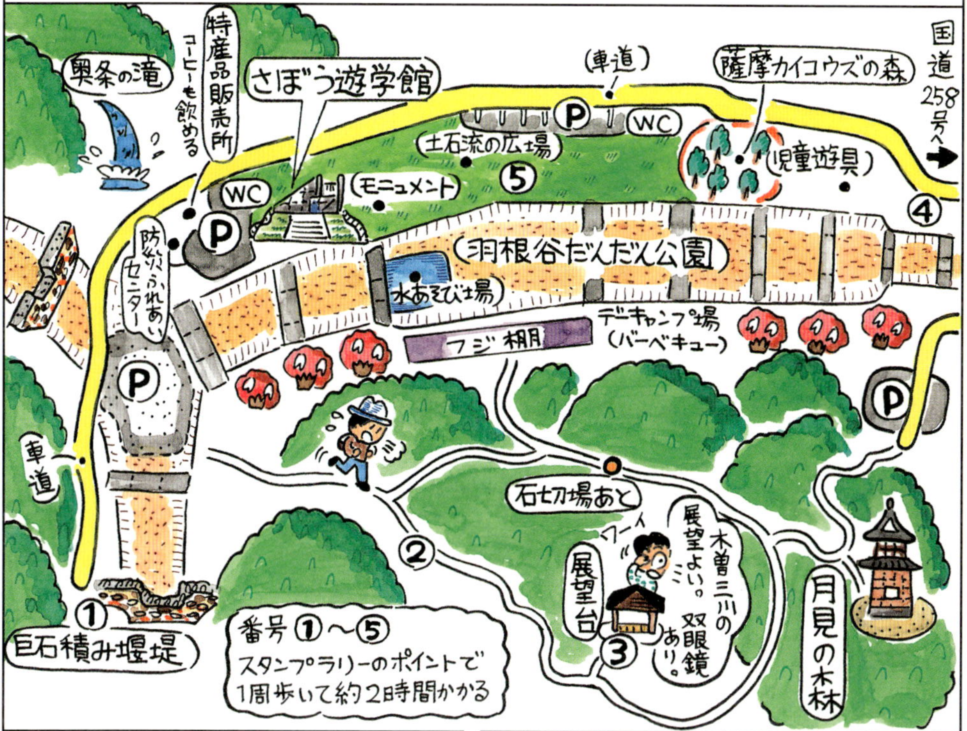

奥条の滝
特産品販売所
コーヒーも飲める
さぼう遊学館
(車道)
薩摩カイコウズの森
国道258号へ
P
WC
土石流の広場
⑤
児童遊具
モニュメント
WC
P
④
防災ふれあいセンター
羽根谷だんだん公園
水あそび場
デーキャンプ場
(バーベキュー)
フジ棚
P
P
車道
石切場あと
ワーイ
展望よい。
木曽三川の双眼鏡あり。
展望台
③
②
①
巨石積み堰堤
番号①～⑤
スタンプラリーのポイントで
1周歩いて約2時間かかる
月見の森

羽根谷《はねだに》だんだん公園

伏流川に沿った細長い緑地公園。水遊び場、児童遊具広場などあり。サクラ並木もあり春の花見もよい。月見の森へのハイキングコースは展望がよく人気がある。

さぼう遊学館

岐阜県海津郡南濃町奥条
TEL (0584) 55-1110

入館料 ● 無料
開館時間 ● 9時～17時
休館日 ● 月曜日 (祝日の場合は翌日)、年末年始
駐車場 ● 200台 (3ヶ所合計、バスも可)
交通 ● 東名阪自動車道・桑名東ICより、国道258号利用、車で20分

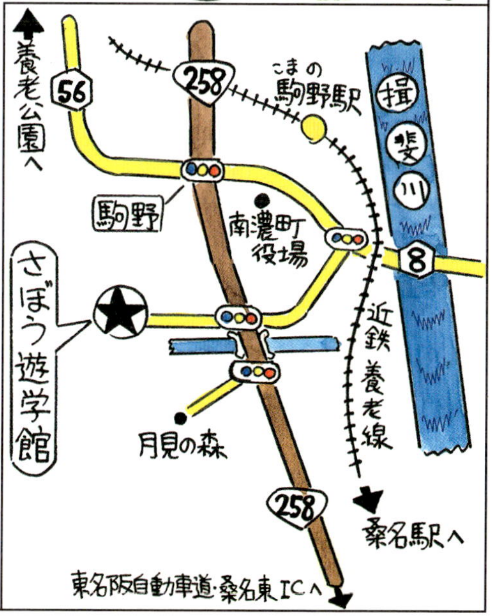

養老公園へ
56
258
駒野《こまの》駅
揖斐川
駒野
南濃町役場
8
さぼう遊学館
近鉄養老線
月見の森
258
桑名駅へ
東名阪自動車道・桑名東ICへ

こどもサイエンスプラザ

入館料タダ

　ここは「くらし」「自然」「宇宙」をテーマにしたこども科学館。入口は宇宙船の搭乗口で、館内には、見て、触れて、たしかめる37の展示コーナーがあり楽しめる。（地図は次ページ下にある）

天体観測室
屋上にあり。土曜.日曜.祝日を中心に昼・夜の観測会あり。
（詳しくは問い合わせて下さい。）

ビョーン
（小学生のみ）
上下.左右に移動
月面歩行の模擬体験
スペースウォーク
人工壁をよじ登ろう。
これに手や足を引っかける。

こどもクライミング
ブラ～ン
子ども専用のカラフルボールプール
水のないプール
キャッハハ
ポコッ!

こどもサイエンスプラザ

水のパビリオン

岐阜県大垣市室本町5-51
（大垣市スイトピアセンター）
TEL（0584）74-6050

入館料 ● 無料
開館時間 ● 9時～17時
休館日 ● 火曜日（祝日の場合は翌日）、祝日の翌日（その日が日、火曜日の場合は翌日。土曜、月曜日の場合は翌々日）、年末年始
駐車場 ● 487台（有料）
交通 ● JR大垣駅より徒歩15分。近鉄室《むろ》駅より徒歩3分。
（団体利用の場合は、事前に連絡のこと）

水をテーマにした新しい感覚の水の科学館

水《みず》のパビリオン

入館料タダ

水をテーマにした、おもしろい科学館。ふれて、体験できるコーナーがいろいろあり、遊び感覚で水の不思議が勉強できる。また、野外には、ユニーク噴水がある。(データについては、こどもサイエンスプラザと同じ)

巨大なシャボン玉。
体がすっぽり入ってしまう大きなシャボン玉を作ろう!
デケー!
洗面台で手が洗える

ハリヨ(絶滅危惧種)
淡水魚を集めたミニ水族館あり
タイリクバラタナゴ
水の力で巨大な石がまわる
ナマズ

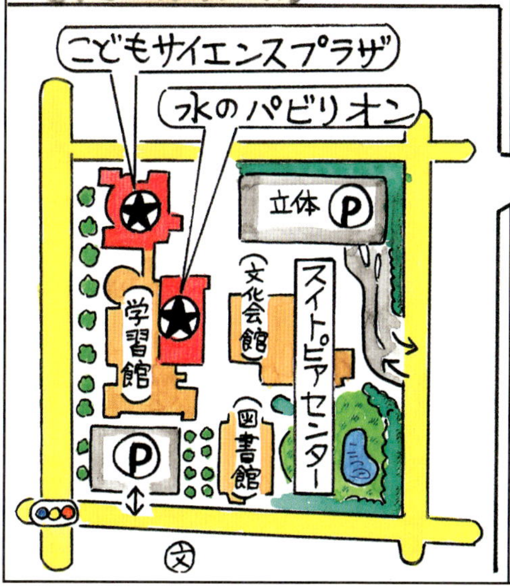
こどもサイエンスプラザ
水のパビリオン
立体 P
文化会館
スイトピアセンター
学習館
図書館
P
文

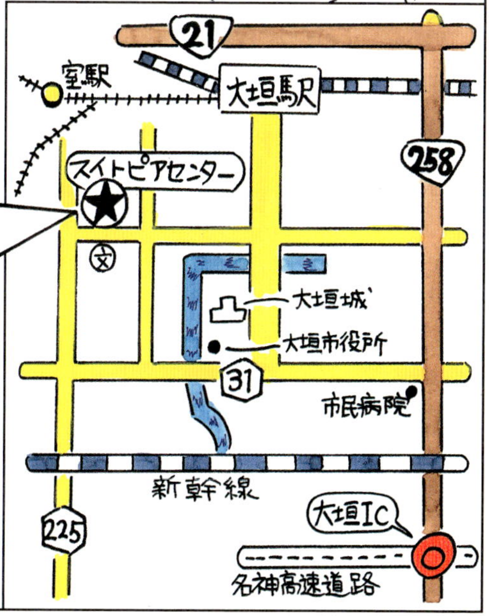
21
室駅
大垣駅
258
スイトピアセンター
文
大垣城
大垣市役所
31
市民病院
新幹線
225
大垣IC
名神高速道路

バイクトライアルのおもしろさを3D立体映像でも体験!

21世紀《せいき》の森《もり》公園《こうえん》

入館料タダ

迫力ある映像と音響
有名選手が使用したバイクを展示
ガッガッ
ジャンプッ!
テーマ館
バイクトライアルテーマ館入口

バイクトライアルテーマ館（入館無料）

ここ板取村では、世界選手権バイクトライアル最終戦（毎年8月下旬）をはじめ大小の競技会が開かれる。

そのバイクトライアルのすばらしさを体験できるのが、このバイクトライアルテーマ館。

迫力満点の3D立体映像シアターでは、臨場感あふれるバイクトライアル競技の映像を見ることができる。

BMX・MTB専用コース（利用無料）

BMX・MTBのフリー走行が楽しめる体験コース。連続したコブをうまく走りこなせるかな。

注意
○自転車の貸し出しはありません。自分の自転車を持ちこんで下さい。
○バイクトライアル競技会がある場合は利用できません。

BMX（バイシクルモトクロス）
MTB（マウンテンバイク）

21世紀の森公園

森がアジサイの花で埋まる
花見頃は6月下旬
アジサイ
自然観察道
株杉群生地
炭やき
森林学習展示館
シンボルタワー
幹が5〜6本に分かれている巨大な古杉。
P
バイクトライアルテーマ館
体験コース
テーマ館入口
子ども広場
（遊具あり）
WC
自然の驚異にビックリ!
株杉
（総合グラウンド）

21世紀の森公園

岐阜県武儀郡板取村平曽
TEL（0581）57-2111㈹
（板取村役場農林水産課）

●バイクトライアルテーマ館
BMX・MTB専用コース●

入館料●無料
開館時間●9時〜16時30分
開館日●4月〜11月の土、日曜日、祝日、夏休み期間（月曜日は休館）
駐車場●50台（バスも可）
交通●東海北陸自動車道　美濃ICより車で洞戸村経由で50分

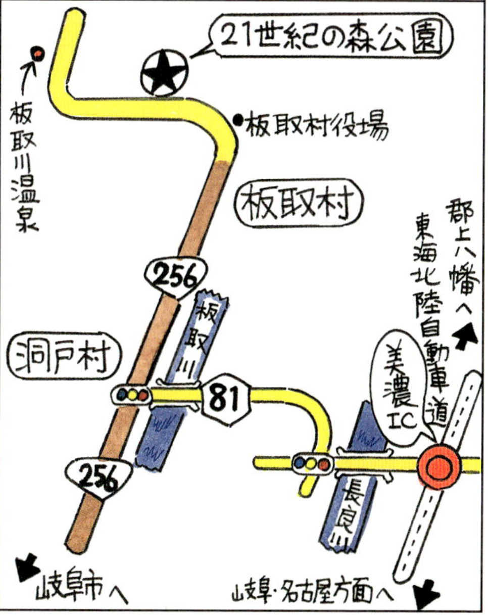
21世紀の森公園
板取川温泉
板取村役場
板取村
郡上八幡へ
東海北陸自動車道
256
板取川
洞戸村
81
美濃IC
256
長良川
岐阜市へ
岐阜・名古屋方面へ

緑の中で、アスレチックやゴーカートで思いっきり遊ぶ!

各務原《かかみがはら》公園《こうえん》

利用料タダ

各務原公園

キコ
キコ
キコ
ゴーカート
遊歩道
食事 園内には、
ジュース自販機あり。
食堂、売店はなし。
お弁当持参が
よい。
第2
P
交通ひろばの中は、
チビッコたちの遊び場。
ブランコ、すべり台、アリ
地獄状の砂場あり。
大安寺から
国道21号へ

自然の中で遊びながら、交通ルールと交通知識が楽しく学べる公園。

ゴーカート・自転車

信号や横断歩道のある交通ひろば内で、自転車や足踏み式ゴーカートに乗る。

利用料 ● 無料
日時 ● 土曜・日曜・祝日は
11時～12時、14時～15時。
平日は14時～15時。
利用できる人 ● 幼児～小学生6年生

各務原公園

岐阜県各務原市鵜沼大安寺町1-84
TEL（0583）70-0202

入園料 ● 無料
開園時間 ● 9時～17時
休園日 ● 月曜日（祝日の場合は翌日）
12/29～1/3
駐車場 ● 90台、バスも可
交通 ● 国道21号より北へ3Km、車だと約5分。

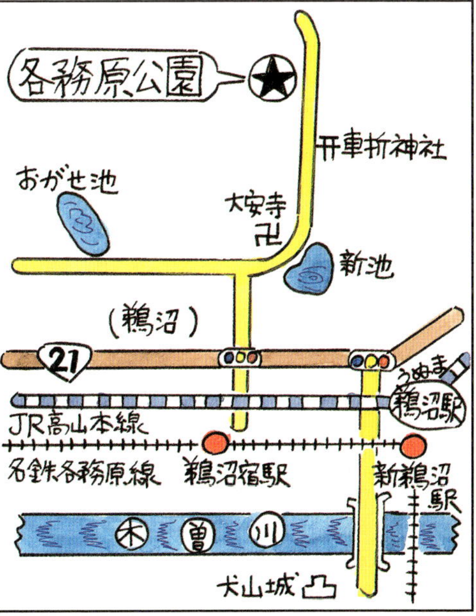
各務原公園
开車折神社
おがせ池
大安寺
新池
（鵜沼）
21
うぬま
鵜沼駅
JR高山本線
名鉄各務原線
鵜沼宿駅
新鵜沼駅
木曽川
犬山城

ささゆりクリーンパーク

見学料タダ

地球にやさしい廃棄物処理施設を中心に、環境をテーマにした公園。見学できるごみ処理施設、リサイクルを学ぶ展示棟や廃ガラスを利用してガラス工芸ができる体験館があり、楽しく学び遊べるエリア。

お手軽森林浴だ!
あじさい広場
さくら広場
展望台広場
ことりの広場
遊林《ユーリー》の森
調整池
せせらぎ広場
WC
P

ささゆりクリーンパーク

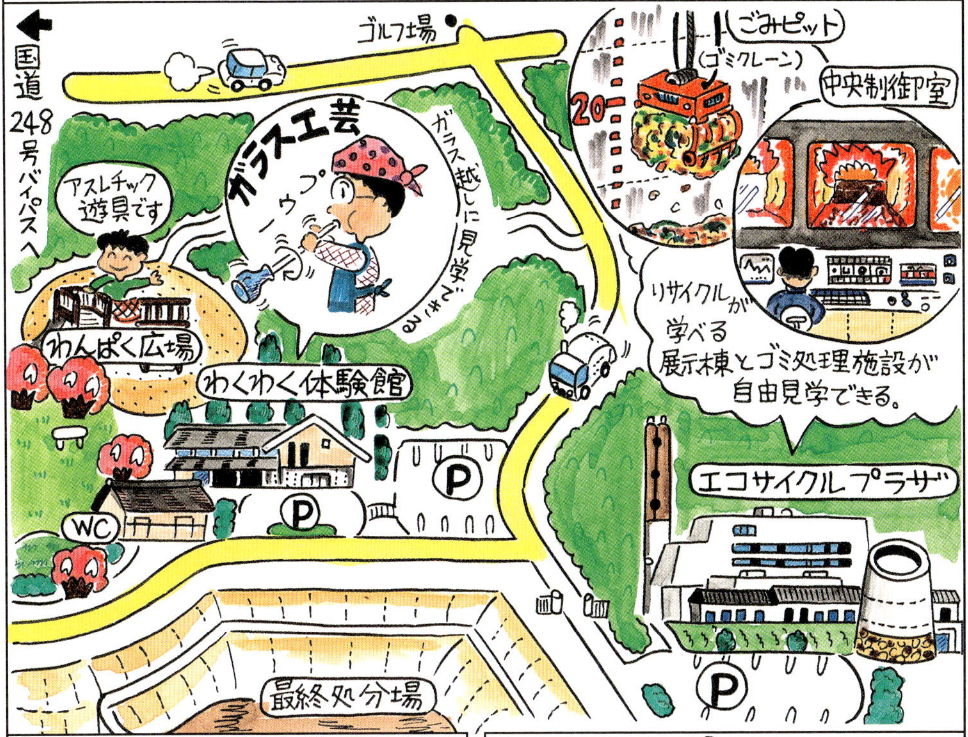

国道248号バイパスへ
ゴルフ場
ごみピット
(ゴミクレーン)
20
中央制御室
ガラス工芸
プウー
ガラス越しに見学できる
アスレチック遊具です
わんぱく広場
わくわく体験館
リサイクルが学べる展示棟とゴミ処理施設が自由見学できる。
エコサイクルプラザ
WC
最終処分場

ささゆりクリーンパーク

岐阜県可児《かに》市塩河839
TEL（0574）65-4111

駐車場 ● 120台（3ヶ所合計、バスも可）
交通 ● 多治見ICより車で20分

エコサイクルプラザ

TEL（0574）65-4111

入館料 ● 無料
開館時間 ● 9時30分〜16時
休館日 ● 火曜日、祝日

わくわく体験館

TEL（0574）65-1515

休館日 ● 火曜日、祝日、12/28〜1/4

吹きガラス、トンボ玉などのガラス工芸ができる体験教室あり。電話予約制で有料（1000円〜）です。

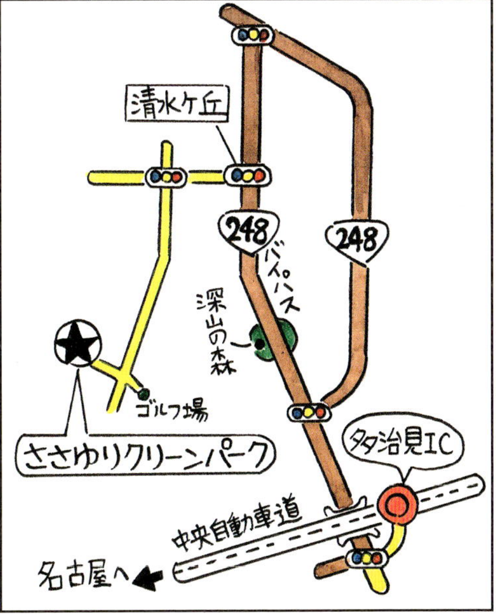

清水ケ丘
248
バイパス
248
深山の森
ゴルフ場
ささゆりクリーンパーク
多治見IC
中央自動車道
名古屋へ

一匹の昆虫が自然のすばらしさを君に教えてくれる

陶史《とうし》の森《もり》

入場料タダ

大きな船型木製アスレチック、全長100mのローラーすべり台がある、子どもの遊び場。
おしりに敷くダンボールを持っていくとよい。
JR土岐駅へ
大きな屋根付き休憩所
ヒツジ牧場
クジャク・トリ類
出入口
チビッコ広場
WC
チョウを飼育する温室
県道66号へ
園内パンフレットあり
ネイチャーセンター
ドングリの森
山野草の小径
カブトムシの森
ガァー
池
カモ
ガチョウ
森を歩いて小さな自然を見つけてみよう。
ゲンゴロウ
タニシ
水生生物の観察
野鳥の森

陶史の森

子どもたちの、森とのふれあいの場。土岐の自然のありのままの森を利用した自然公園。

カシ、コナラのドリングの森や、ギフチョウ、カブトムシの繁殖、ホタルの自生地など森の生き物たちを観察するのに最適の場。

ネイチャーセンターでは、各種標本展示され、川魚が飼育されている。そして、毎月、自然教室（バードウォッチング、標本作りなど）があるので、参加してみるのもよい。（日時、内容は問い合わせて下さい。）

陶史の森

岐阜県土岐市肥田町字雲五地内
TEL（0572）59-5144

入場料 ● 無料
開場時間 ● 9時～16時30分
休場日 ● 火曜日（祝日の場合は翌日）、
● 12/28～1/3
駐車場 ● 63台
交通 ● 土岐ICより車で10分

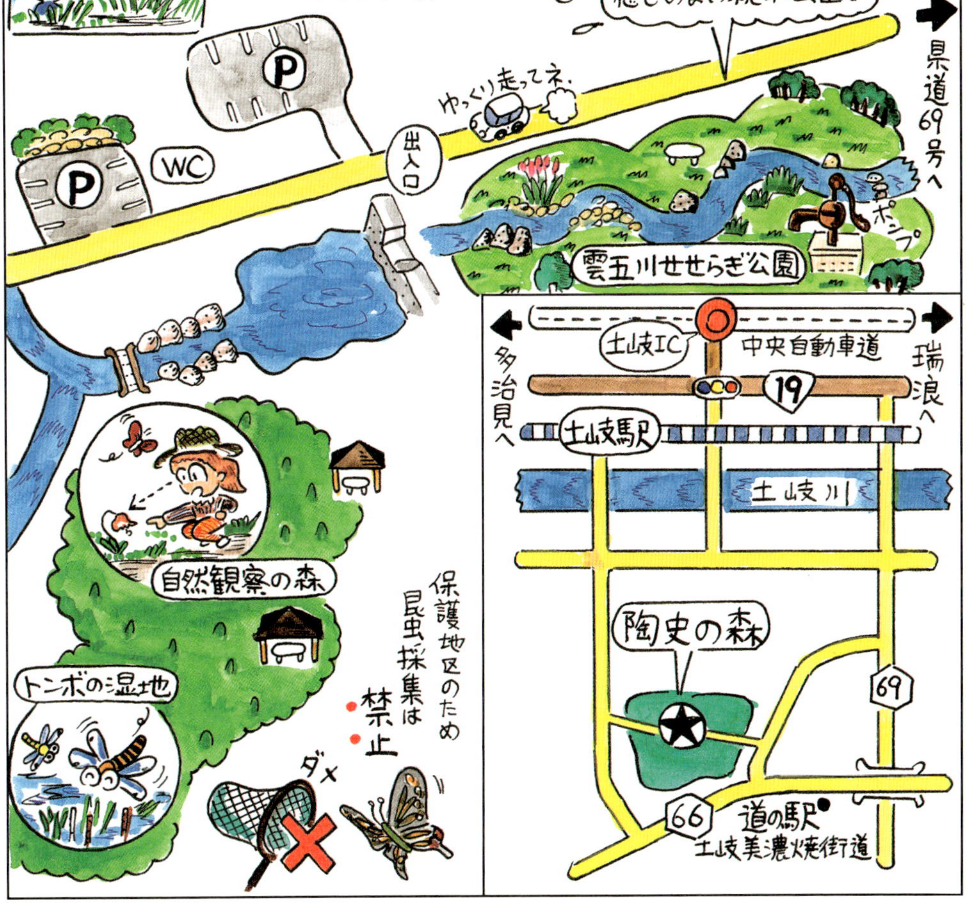

織《おり》部《べ》の里《さと》公園《こうえん》

入園料タダ

約400年前の桃山時代、この美濃の地は、日本の焼物の重要な生産地であった。この元屋敷窯跡は、その当時の姿をよく残しており、国の史跡にもなっている。

元屋敷窯跡とその周辺の窯跡を整備復元し、窯跡公園「織部の里」として、一般に開放している。

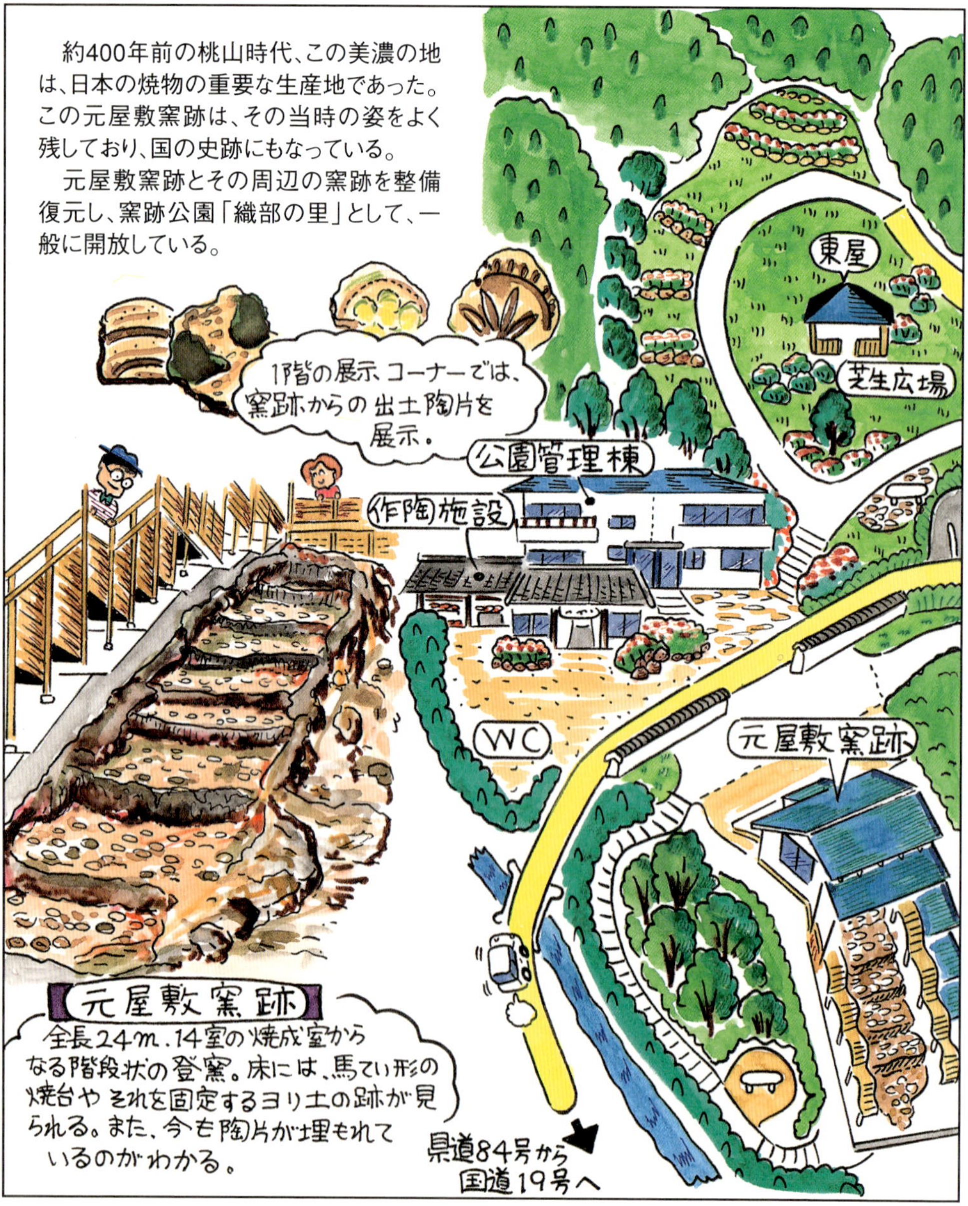
1階の展示コーナーでは、
窯跡からの出土陶片を
展示。
公園管理棟
作陶施設
東屋
芝生広場
WC
元屋敷窯跡
県道84号から
国道19号へ
元屋敷窯跡
全長24m.14室の焼成室から
なる階段状の登窯。床には、馬てい形の
焼台やそれを固定するヨリ土の跡が見
られる。また、今も陶片が埋もれて
いるのがわかる。

織部の里公園

織部の里公園

岐阜県土岐市泉町久尻1246
TEL（0572）54-2710

- 入 園 料 ● 無料
- 開園時間 ● 9時～16時30分
- 休 園 日 ● 月曜日、祝日の翌日
- 駐 車 場 ● 7台（その他、美濃陶磁歴史館の駐車場も利用可）
- 交　　通 ● 土岐ICより車で5分
  JR土岐駅より北へ1.2Km

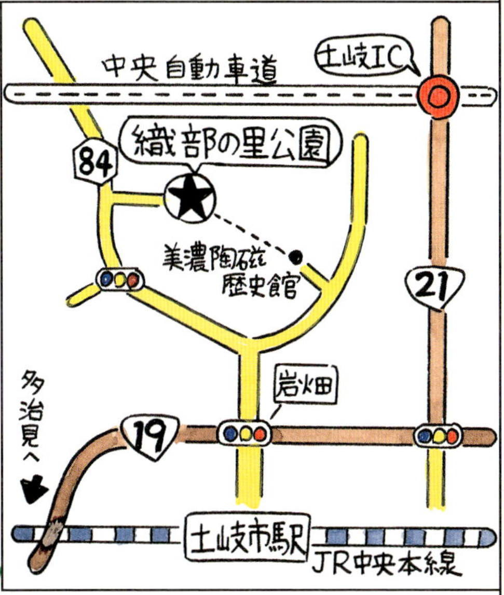
中央自動車道
土岐IC
織部の里公園
84
美濃陶磁歴史館
21
多治見へ
岩畑
19
土岐市駅
JR中央本線

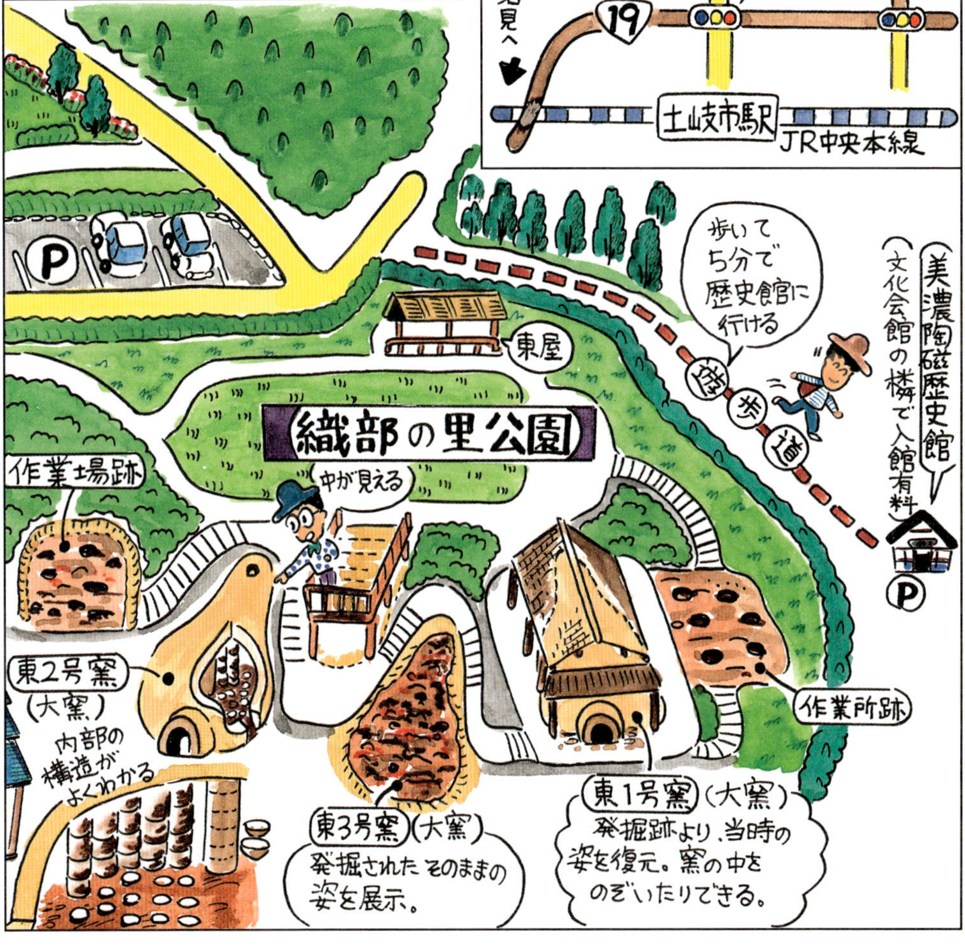
P
歩いて5分で歴史館に行ける
遊歩道
美濃陶磁歴史館（文化会館の隣で入館有料）
P
東屋
織部の里公園
中が見える
作業場跡
東2号窯（大窯）
内部の構造がよくわかる
作業所跡
東3号窯（大窯）
発掘されたそのままの姿を展示。
東1号窯（大窯）
発掘跡より、当時の姿を復元。窯の中をのぞいたりできる。

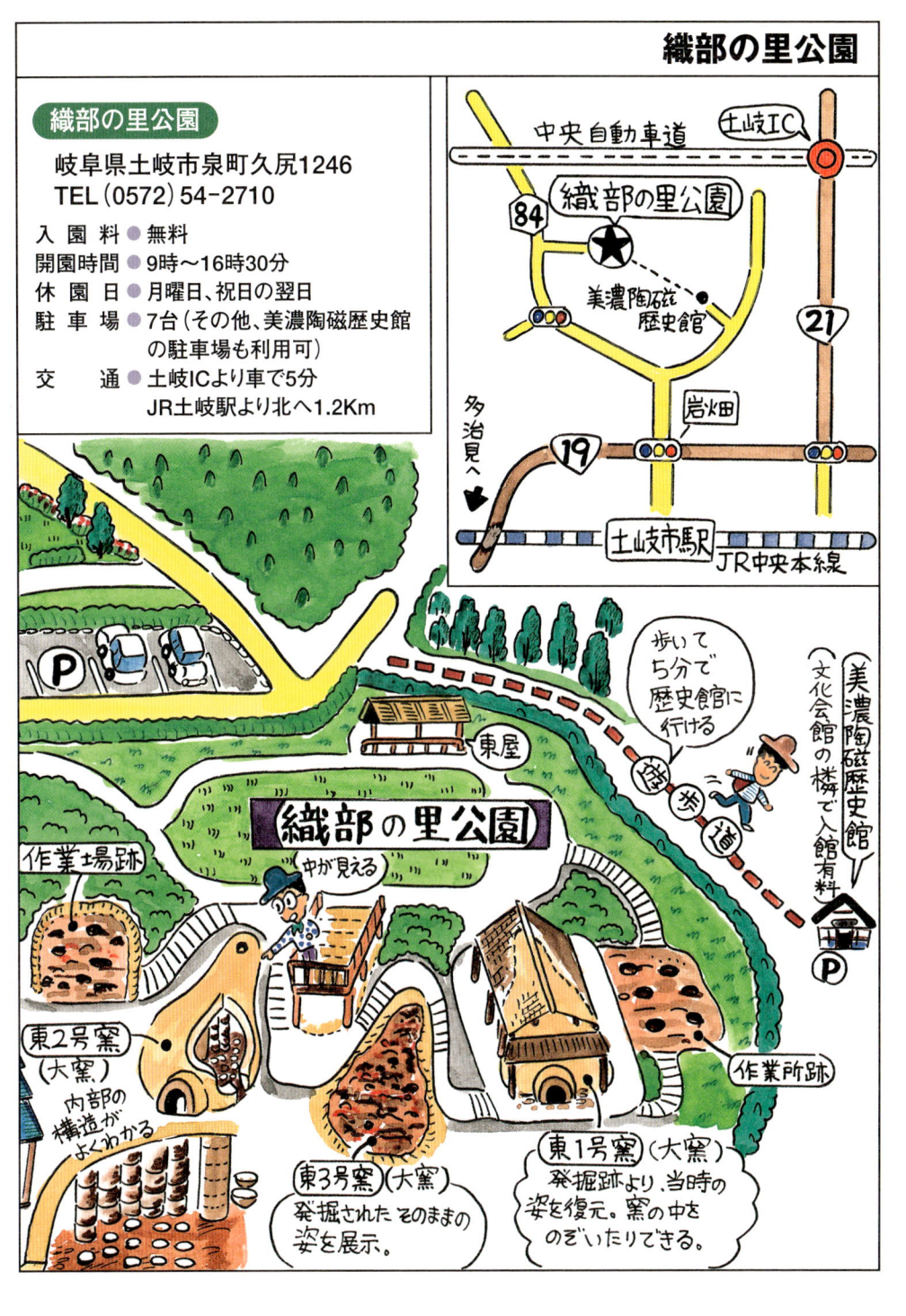

のんびりと草を食べる羊の群れ……高原気分を満喫できる!

中津川市《なかつがわし》ふれあい牧場《ぼくじょう》

ふれあいタダ

中津川市ふれあい牧場

岐阜県中津川市落合わらび平
TEL（0573）69-4822

入場料 ● 100円
（環境整備協力金としてお願いしています。）
休場日 ● 12月～3月の木曜日
駐車場 ● 100台（バスも可）
食　事 ● 焼肉レストラン、売店、ジュース自販機あり
交　通 ● 中津川ICより車で20分

中津川市ふれあい牧場

バリカン山
(907m)
展望台
P
めん羊放牧場
国道19号へ

体験
・ソーセージ教室
・バター教室
・羊のマスコット作り
(予約制、有料)
←思いきり振ろう
(バター作り)

ここのヒツジは、サフォーク種という種類でイギリス原産です。
顔と足が黒く、毛は少し短めなのが特徴。日本でも多く飼育されている代表的な肉食種。ラム肉、ソーセージに適している。

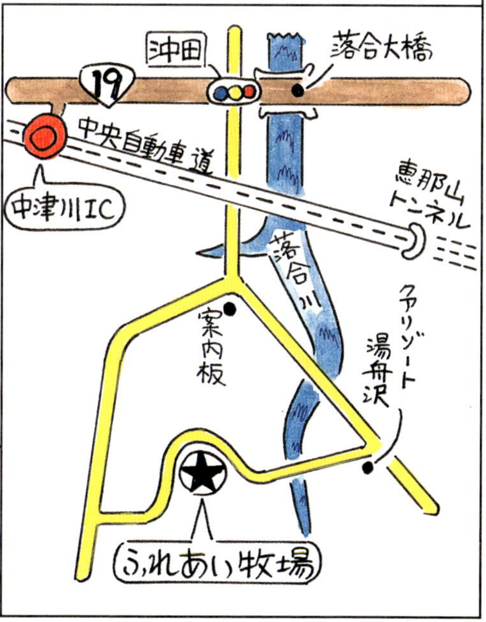

沖田
19
落合大橋
中央自動車道
中津川IC
恵那山トンネル
落合川
案内板
クアリゾート湯舟沢
ふれあい牧場

標高650mのわらび平にあるヒツジのための、ふれあい牧場。動物とふれあいや、バター作りなどの体験、乗馬ができる観光牧場で、親子連れには人気スポット。

冒険気分でアスレチックに挑戦!

三重県民《みえけんみん》の森《もり》（冒険《ぼうけん》の森《もり》）

入園料タダ

三重県民の森

三重県三重郡菰野町大字千草
TEL（0593）94-2350

入 園 料 ● 無料
駐 車 場 ● 150台（バスも可）
交　　通 ● 四日市ICより国道306号利用、車で15分

ワーイ!
WC
ゴール
スタート
冒険の森
園内散策の時はここで園内マップをもらおう
WC
P
WC
自然学習展示館
入館料 ● 無料
休館日 ● 月曜日（祝日の場合は翌日）、12月29日～1月3日
シカ、キツネなどの動物はく製がいる林のジオラマや世界のユニークなバードハウス（巣箱）の展示コーナーがある。
Radio
ラジオ型巣箱
メモ
● いくつもの森があり、遊歩道がいっぱい。森林浴、自然観察、ハイキングによい。
● 園内に食事処、売店なし。お弁当持参がよい。
● 夏は、蚊が多いので、虫よけスプレーは必要。

三重県民の森（冒険の森）

オットットッ
モゾ
モゾ
ウッ!
ブラーン
WC
広ーい芝生広場
ここでお弁当タイム

ターザンロープ
手すりなしつり橋
国道306号へ

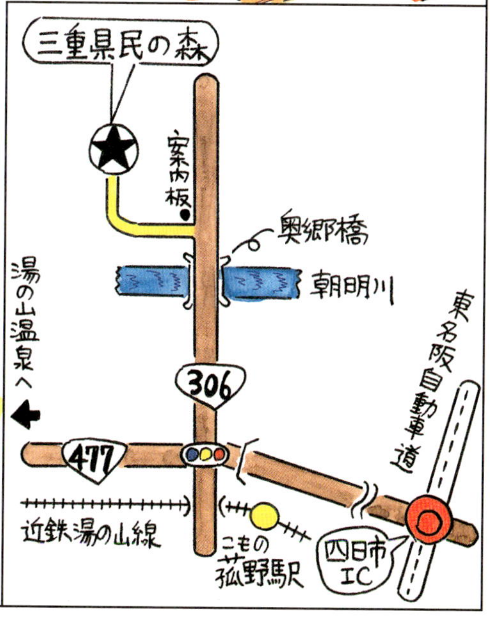

三重県民の森
案内板
奥郷橋
朝明川
湯の山温泉へ
東名阪自動車道
306
477
近鉄湯の山線
菰野《こもの》駅
四日市IC

冒険の森

利用無料

1周600m、17ポイントのアスレチック遊具がそろっている。「かにわたり」、「岩くだり」、「がけのぼり」、「石山ごえ」、「みの虫ごえ」、「ロープばし」などユニークなものが多い。

川《かわ》越《ごえ》電《でん》力《りょく》館《かん》・テラ46

入館料タダ

地球カレンダー
3F
ワンダーマシン
地球46億年の旅
各コーナーにはコンパニオンがいて、案内してくれる。
過去へワープする
宇宙船に乗りこんで、地球へと旅する映像コーナー。
地球の46億年の歴史と自然の迫力映像とともに、地球のエネルギーを考える宇宙旅行。
オ…ー！
双眼鏡あり
7Fが展望室
P
出入口
電力館・テラ46
伊勢湾周辺の精巧な模型の中を散歩する
足踏みゴーカート
キコ
伊勢湾ジオランド
地上

川越電力館・テラ46

地球を建物の中に取りこんだ外観はユニーク。内部は近未来感いっぱいの造りで子どもたちはワクワク。見て、触れて、学べる参加体験型のコーナーいっぱいの電力館だ。

サミットスタジオ
4F
シェークスピア
レオナルドダビンチ
マリーアントワネット
アインシュタイン博士(ロボット)
エネルギーを使うべきか使わざるべきか?
世界史の偉人たちとエネルギー論議するコーナー。偉人たちの会話が、とてもユーモラスでおもしろい。

ハイパーシアター
5F
タッチペンを使って自由に絵などを描いたりして楽しめる。ゲームもできる。
らく顔

プレイランド
5.6F
(電流イライラ棒)
各種テレビゲーム、体験ゲームあり。
ワオッ
クレーンゲーム

川越電力館・テラ46

三重県三重郡川越町大字亀崎新田
TEL(0593)63-6565

入館料 ● 無料
(10名以上の団体は予約制)
開館時間 ● 9時～16時
休館日 ● 月曜日(祝日の場合は翌日)、第3金曜日、年末年始
駐車場 ● 100台(バスも可)
交通 ● 桑名駅よりタクシーで20分
みえ川越ICより車で5分

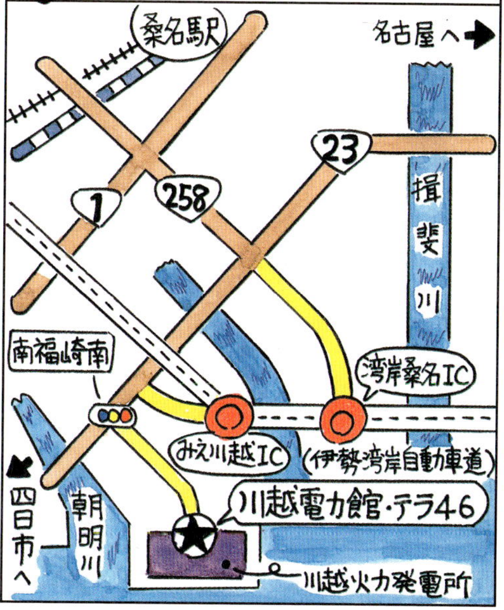
桑名駅
名古屋へ
23
揖斐川
1
258
南福崎南
湾岸桑名IC
みえ川越IC
(伊勢湾岸自動車道)
川越電力館・テラ46
四日市へ
朝明川
川越火力発電所

とても広い芝生の公園。遊具での遊びやウォーキングが人気!

県《けん》営《えい》北《ほく》勢《せい》中《ちゅう》央《おう》公《こう》園《えん》

入園料タダ

県営北勢中央公園

三重県四日市市西村町字北谷1080
TEL(0593)39-2319

入 園 料 ● 無料
駐 車 場 ● 250台(バスも可、夜間閉鎖)
食　　事 ● ジュース自販機あり
近くにコンビニあり
交　　通 ● 東名阪、四日市ICより
県道140号利用、車で20分

修景池
水辺テラス
WC
ローラーすべり台、ターザンロープ、ネット登り、砂場などあり。
大型コンビネーション遊具
いただきまーす。
お弁当持参
P
ジュース自販機
WC
児童コンビネーション遊具
コロリ
コロリ
芝生広場
スポーツゾーン管理棟へ
広ーい芝生広場と遊び方いろいろコンビネーション遊具

県営北勢中央公園

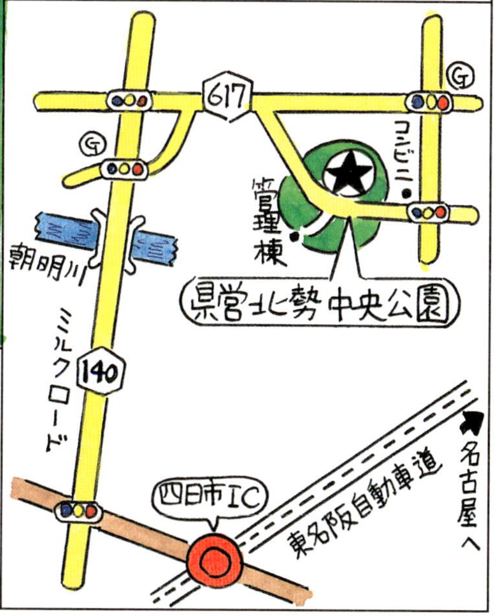

広々とした芝生広場には、高学年向きの大型遊具、低学年向きの児童遊具がそろっている。

芝生広場では、ボール遊びやバドミントンで体を動かすのがよい。

夏は、木陰が少なく暑いが、水のプラザ周辺は、涼しい。

動物たちとのふれあいに、子どもたちは大喜び

南《なん》部《ぶ》丘陵《きゅうりょう》公《こう》園《えん》

入園料タダ

ヤギやヒツジなどの小動物園がある南ゾーンと、巨大コンビネーション遊具がある広い北ゾーンがある。広い芝生公園もあり、遠足にもよい。

広い公園で、すべて回ると、けっこうな運動量となる。

梅園のむこうに鈴鹿山脈を望む。
カルガモ
マガモ
ニホンザル
ヤクシマヤギ
ヒツジ
小動物園
すべり台、ブランコ、シーソーなど幼児向けの遊具あり。
ちびっこ広場
散策路
コンビニ
コンビネーション遊具
P
P
このあたり食事処、ジュース自販機あり。
WC
小動物園
ふれあい広場
ピクニック広場
南ゾーン
ワーイ
うさぎとふれあいコーナー
(小動物園にて)
・毎週日曜日の10時〜11時
13時〜14時
(うさぎにさわったり、抱いたりできる。小さな子どもには大人気。)

北ゾーン
散策路
コンビネーション遊具
WC
展望台
芝生広場
池
大型コンビネーション遊具
梅園
芝生広場
WC
WC
P
P
P
お天気ボード
10:30
北
おんど
8.9℃
ふうそく
4m
東
しつど
65%
今、ここのお天気をおしえてくれる。
温度、湿度、風速などがわかる
空中のネット・トンネルを進め。
巨大コンビネーション遊具
44
バス停「泊山」、国道1号線へ

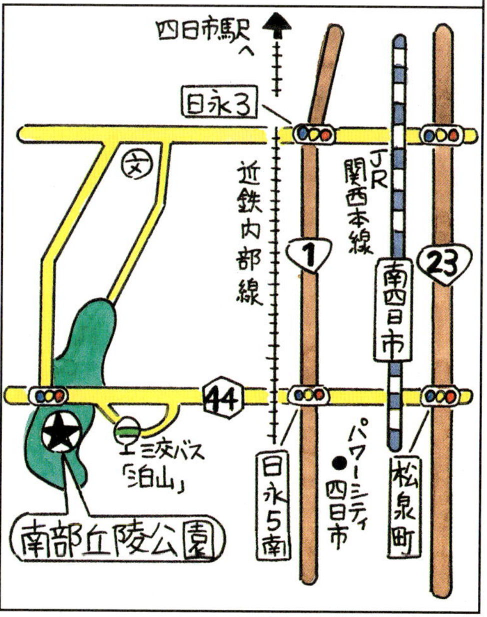
四日市駅へ
日永3
文
近鉄内部線
JR関西本線
1
23
南四日市
44
三交バス「泊山」
日永5南
パワーシティ四日市
松泉町
南部丘陵公園

南部丘陵公園

三重県四日市市波木町、西日野町他
TEL（0593）54-8197
（四日市市役所公園・河川課）

入園料● 無料
休園日● 年中無休
駐車場● 280台（5ヶ所合計）
交　通● 国道1号より車で10分
近鉄四日市駅より三交バス（総合医療センター行き）で泊山下車、徒歩5分

市街地をのぞむ丘陵地で、子牛や羊たちとのふれあい体験

四《よっ》日《か》市《いち》市《し》ふれあい牧《ぼく》場《じょう》

入場料タダ

広大な茶畑を見下ろす高台にあり、そこでは、のんびりと乳牛が草を食べている。エサをやると多くの牛たちが近づいてきて、おもしろい。

眺め よい
眼下にお茶畑、四日市の町、さらに伊勢湾まで見渡せる
展望台
売店で、ウシのエサが売られていた
オレもくれ〜
Z
遊歩道
放牧場
ベンチ
テーブル
売店あり
管理棟
WC
芝生広場
牛舎
MOO〜
ふれあい広場
売店では
低温殺菌牛乳をはじめ
ヨーグルトなどの
乳製品を
販売している。
ゴクゴク
おいしい!
広大な茶畑
子牛、ヒツジ、ヤギ、ミニチュアホースとのふれあい。

四日市市ふれあい牧場

四日市市ふれあい牧場

三重県四日市市水沢町1538
TEL（0593）29-3711

入 場 料 ● 無料
開場時間 ● 9時～16時
休 場 日 ● 年中無休
駐 車 場 ● 56台（バスも可）
交　　通 ● 四日市ICより車で15分

予約制で、乳しぼり体験、バター作り体験ができる。有料です。

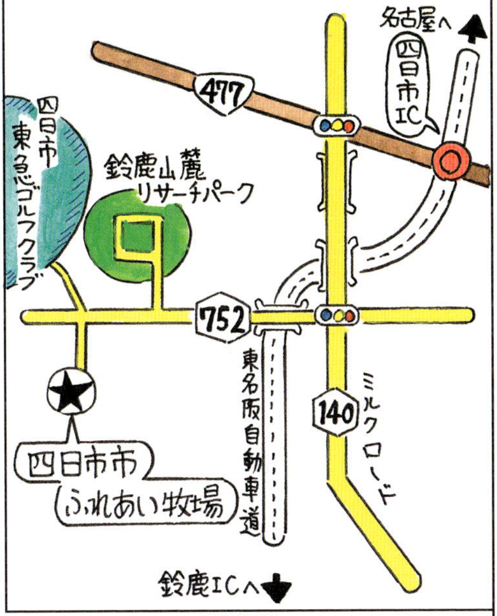

足をのばして、ここも行こう。

○三重県環境学習情報センター○

（鈴鹿山麓リサーチパーク内）
TEL（0593）29-2000

入 館 料 ● 無料
開館時間 ● 9時～17時30分
休 館 日 ● 年末年始
駐 車 場 ● リサーチパークの大駐車場あり

展示ホールは自由に見学できる。ここでは、地球温暖化、酸性雨、ゴミ問題の環境に関する学習展示がされている。映像やゲーム、パネル展示があり、図書コーナーもある。

花と緑と水に親しむ憩いの公園。きれいな花が迎えてくれる

鈴《すず》鹿《か》フラワーパーク

入園料タダ

四季それぞれの花が咲く、花だんいっぱいの花の公園。ユニーク遊具のある広場や水遊びのできる噴水、芝生広場があり、多くの人でにぎわう。

噴水のトンネル
第3 P
管理事務所
噴水
WC
西エントランス広場

野点広場
サクラ
花の丘
第2 P
3人同時にすべれる

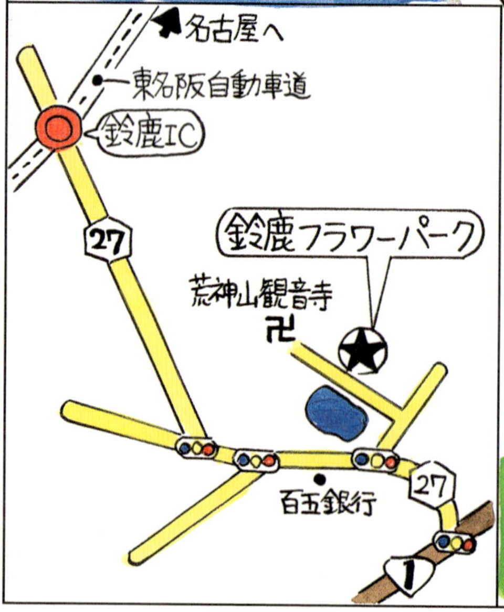

名古屋へ
東名阪自動車道
鈴鹿IC
27
鈴鹿フラワーパーク
荒神山観音寺
百五銀行
27
1

年中花いっぱい
イベント広場
花に包まれる小広場
いつも花いっぱい花だん
第1 P
WC
砂場
東エントランス広場
WC
子どもの遊び場
岩石園
県道27号へ

全長30mのローラーすべり台
砂場にシャベルカー遊具。穴掘りがおもしろい
クイ
クイ
ザザー

鈴鹿フラワーパーク

三重県鈴鹿市加佐登町1690-1
TEL (0593) 67-3455
(鈴鹿フラワーパーク管理事務所)
TEL (0593) 82-9027
(鈴鹿市役所公園緑地課)

入園料 ● 無料
駐車場 ● 320台 (3ヶ所合計、バスも可)
交通 ● 鈴鹿ICより車で12分

広い芝生と大小の土山で身心共にリフレッシュ

安《あ》濃《のう》中《ちゅう》央《おう》総《そう》合《ごう》公《こう》園《えん》

遊具タダ

安濃中央総合公園

三重県安芸郡安濃町大字田端上野
TEL (059) 268-5517
(安濃町役場建設課)

駐車場 ● 500台 (3ヶ所合計)
食事 ● 近くにコンビニあり
交通 ● 伊勢自動車道　芸濃ICより
グリーンロードを南へ、野球場
が見える所。車で10分。

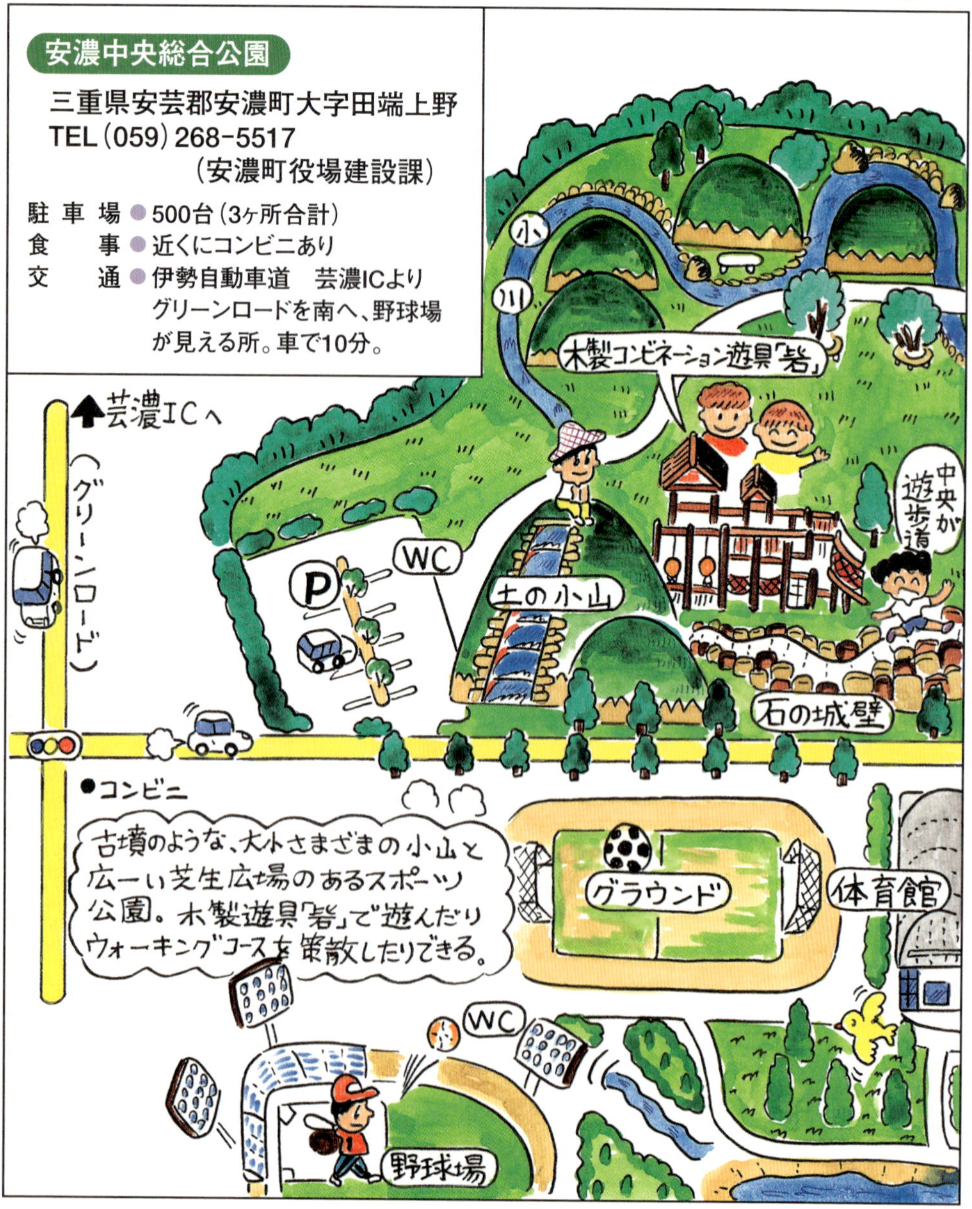

小川
木製コンビネーション遊具「砦」
芸濃ICへ
(グリーンロード)
中央が遊歩道
P
WC
土の小山
石の城壁
コンビニ
古墳のような、大小さまざまの小山と広ーい芝生広場のあるスポーツ公園。木製遊具「砦」で遊んだりウォーキングコースを策散したりできる。
グラウンド
体育館
WC
野球場

安濃中央総合公園

（ネット登り）
コンビネーション遊具「岩」の遊びいろいろ
（ボールのブランコ）
関へ
グリーンロード
ジャスコ
芸濃IC
10
伊勢自動車道
津へ
安濃川
安濃中央総合公園
安濃町役場
野球場
いくつもの小山がある
小川
WC
芝生広場
ボール遊びがいい
壁泉ゲート
水遊び
安濃町役場へ
池周辺には遊歩道が整備されウォーキングが楽しめる
ゲートボール場
P
P
WC
ウォーキングコース
調整池

動物ブランコがおもしろい、緑の芝生総合公園

中《ちゅう》勢《せい》グリーンパーク

遊具タダ

中勢グリーンパーク

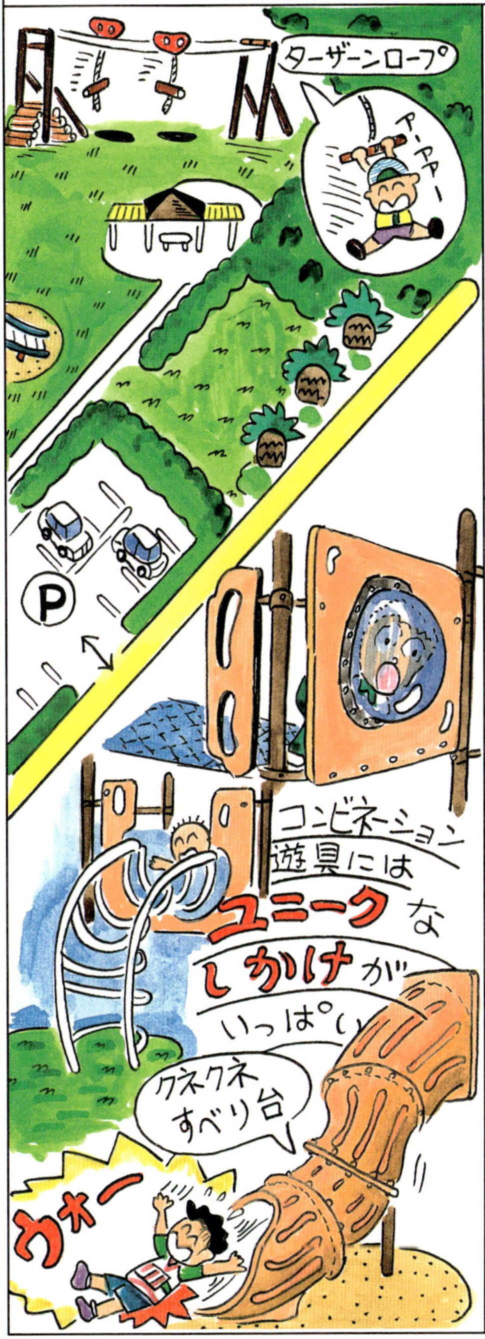

中勢グリーンパーク

三重県津市あのつ台5
TEL（059）229-3184
（津市役所街路公園課）

入園料 ● 無料
駐車場 ● 200台（バスも可）
交通 ● 伊勢自動車道 津ICより車でバイパス利用、10分
食事 ● 園内および周辺に自販機、売店、食事処なし。お弁当、ジュースなど持参した方がよい

中勢北部サイエンスシティ内にできた、芝生と池の総合公園。

遊具のある広場では、子どもたちが思い思いに遊び、芝生では走りまわったりしている。まだ、一部整備中の所があり、今後、何ができるか楽しみである。

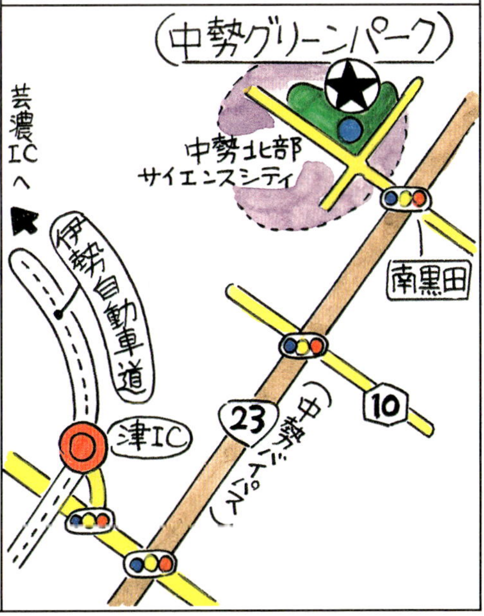

マウンテンバイクのテクニックをここでみがこう!

大《だい》仏《ぶつ》山《やま》公《こう》園《えん》スポーツセンター

入場料タダ

大仏山公園スポーツセンター

少し荒れている
(トライアルの丘)
石場、丸太が組み合わさったものあり。
マウンテンバイクコース
洗車場
どろ沼
コース利用料無料タダ!
ガンガン走って汗をかこう

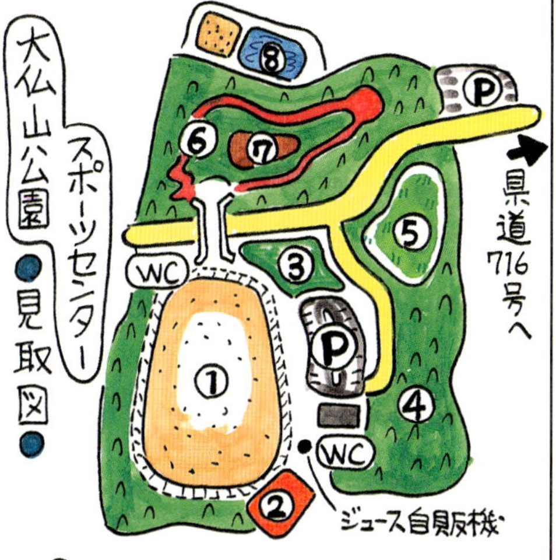
大仏山公園スポーツセンター
●見取図●
P
WC
WC
ジュース自販機
県道716号へ

①多目的グラウンド
②キャンプ場 ③花木の森
④自然の森 ⑤芝生広場
⑥マウンテンバイク(MTB)コース
⑦冒険の森 ⑧水上デッキ・池

この公園の一番のおすすめは、マウンテンバイク(MTB)コース。小山全体を使った1周700mのダートコースで、初心者から上級者まで楽しめるようになっている。また、途中、障害物、石場があるので、挑戦してみよう。

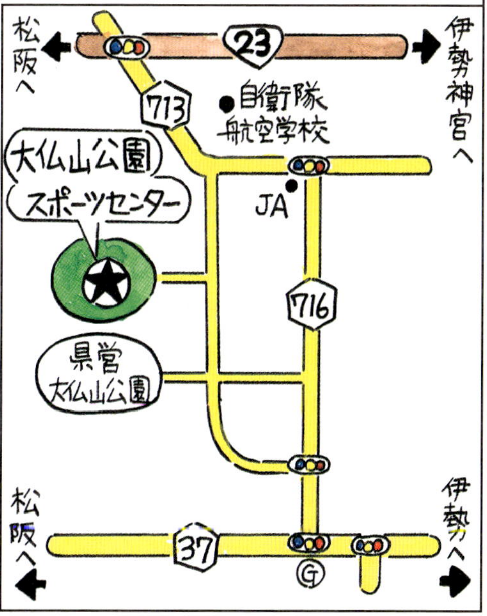
松阪へ
23
伊勢神宮へ
713
自衛隊航空学校
大仏山公園スポーツセンター
JA
716
県営大仏山公園
松阪へ
37
G
伊勢へ

大仏山公園スポーツセンター

三重県度会郡小俣町新村
TEL (0596) 27-5491
(小俣町総合体育館)

入場料	無料
駐車場	100台
交通	国道23号より南へ約3.5Km
その他	県営大仏山公園には、木製アスレチック遊具のある「ちびっこひろば」あり、遊べる。

宮《みや》リバー度会《わたらい》パーク

入園料タダ

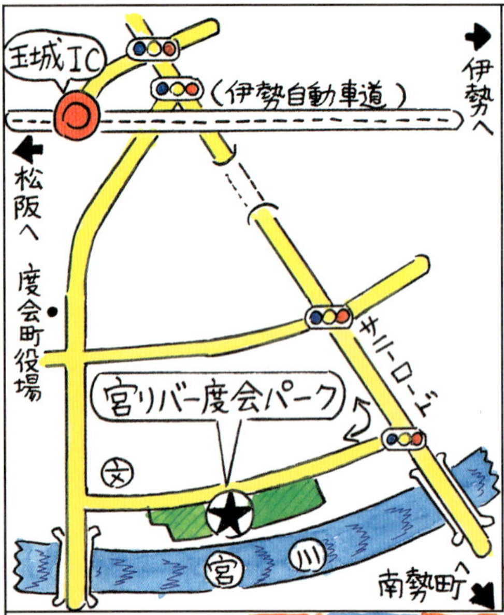

玉城IC
(伊勢自動車道)
伊勢へ
松阪へ
度会町役場
サニーロード
宮リバー度会パーク
文
宮
川
南勢町へ

宮リバー度会パーク

三重県度会郡度会町棚橋2
TEL (0596) 63-0005

入園料 ● 無料
駐車場 ● 256台
交　通 ● 玉城ICより車で、サニーロード利用、8分

バザールわたらい

休館日 ● 水曜日
レストラン、売店（特産品など）、WC、第3日曜日に朝市あり。

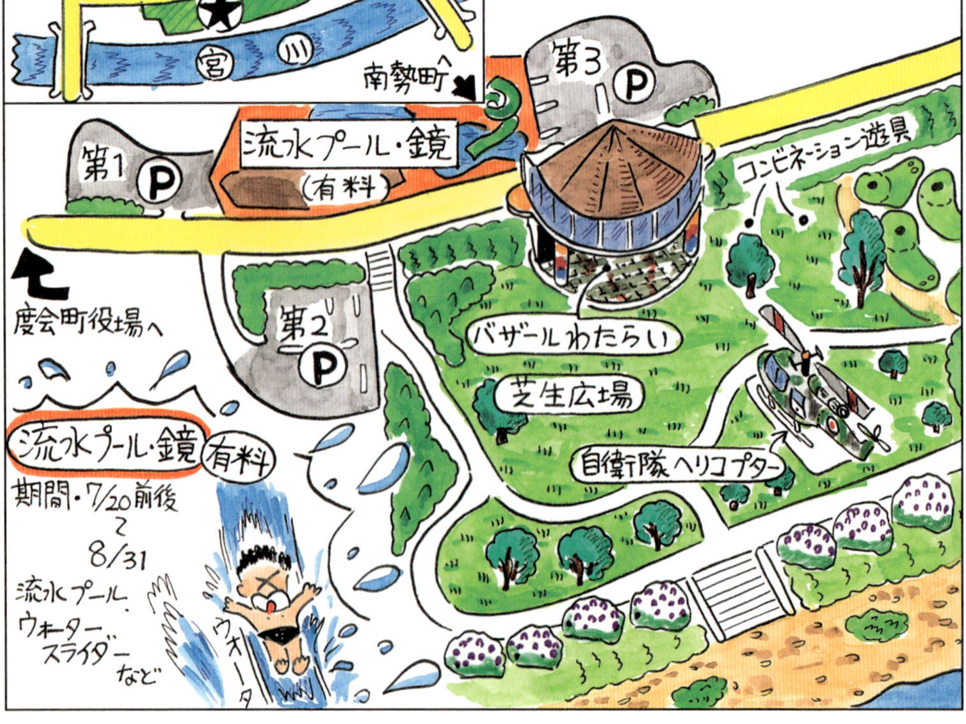

第3 P
第1 P
流水プール・鏡
（有料）
コンビネーション遊具
度会町役場へ
第2 P
バザールわたらい
芝生広場
自衛隊ヘリコプター
流水プール・鏡 有料
期間・7/20前後
〜
8/31
流水プール、
ウォーター
スライダー
など
ウォータ

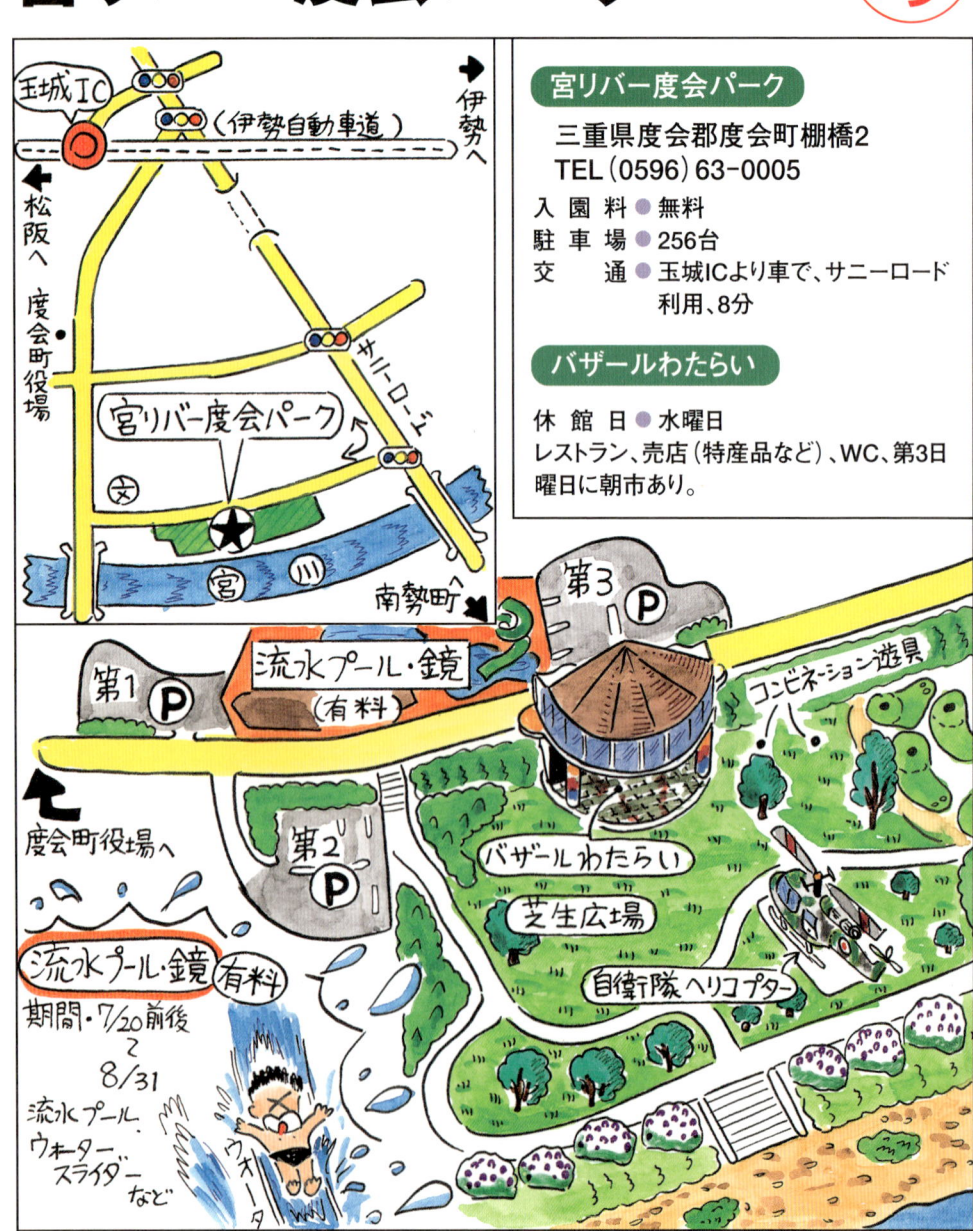

宮リバー度会パーク

清流・宮川沿いの総合公園。パターゴルフ、プール、子ども広場など、憩いとスポーツが楽しめる。川原では、お金をかけずに水遊びもできる。

パターゴルフ

コースは18ホール。道具（パター、ボール）は各自持参。バザールわたらいにて受付。また、道具の貸し出しもあり。

幼児から
小学生向けの遊具が
いろいろ。コンビネーション
遊具、ターザンロープ、
シーソー など
サニーロード へ
第5
P
貸農園
利用は
無料
子ども広場
WC
ジュース
自販機
第4
P
桜並木
花見頃
4月上旬
テニスコート
（有料）
パターゴルフ
自然林
宮
川
アジサイ
花見頃6月
夏
夏には、川原で
バーベキューをしながら
水遊びができる
人気のスポット。
ゴミは
持ち帰りましょう
アキカン

大《おお》内《うち》山《やま》ふれあい牧《ぼく》場《じょう》

入場料タダ

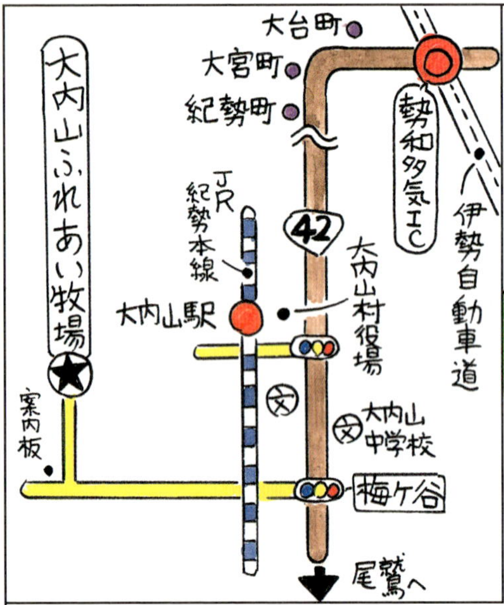
大台町
大宮町
紀勢町
勢和多気IC
伊勢自動車道
42
JR紀勢本線
大内山駅
大内山村役場
大内山中学校
梅ケ谷
尾鷲へ
大内山ふれあい牧場
案内板

大内山の山間いにある観光牧場。ウシ、ヤギ、ヒツジ、ウサギにさわったり、エサやりができる。

乳搾りやバター作りが人気で、子どもたちは興味深々。

ジャージー種の牛もいる。茶色の小型の牛で、脂肪分の多い乳を出す。
中に入れる

テーブルとイスあり ここでお弁当タイム
グラスボードのソリ、ボールの貸し出し（有料）
乳《ちち》搾《しぼ》り体《たい》験《けん》
（無料）
モー！
キュッ
キュッ
日時●土・日・祝日の10時30分～14時30分～
誰でも自由に体験できます。係の人が手伝ってくれます。
大きなオッパイにさわってみよう！
ボール遊び
乳搾り体験場所
ソフトクリーム 喫茶 みやげコーナー
ソフトクリームハウス
営業日時●土.日.祝日の10時～16時
バター作り体験（有料・要予約）

大内山ふれあい牧場

大内山ふれあい牧場

三重県度会郡大内山村4893-2
TEL（0598）72-2738

入場料 ● 無料
開場期間 ● 4月～11月（期間中は無休）
駐車場 ● 250台（バスも可）
食事 ● 喫茶コーナー、ジュース自販機あり。
交通 ● 勢和多気インターより国道42号利用、車で50分。

スピード感いっぱいのソリすべりができる!

都《みやこ》田《だ》総《そう》合《ごう》公《こう》園《えん》

ソリすべり
タダ

都田総合公園

静岡県浜松市新都田1-3
TEL (053) 473-1829 (公園管理課)

入 園 料 ● 無料
駐 車 場 ● 350台 (3ヶ所合計)
バスも可、夜間閉鎖
食　 事 ● 休憩所、駐車場にジュース
自販機あり。
交　 通 ● 東名・浜松西ICより車で20分

わんぱくゲレンデで
ソリすべり
気持ちいー!
ワォー
利用
無料
休み
火曜日
用具
ソリ、ヘルメットは
無料貸し出し

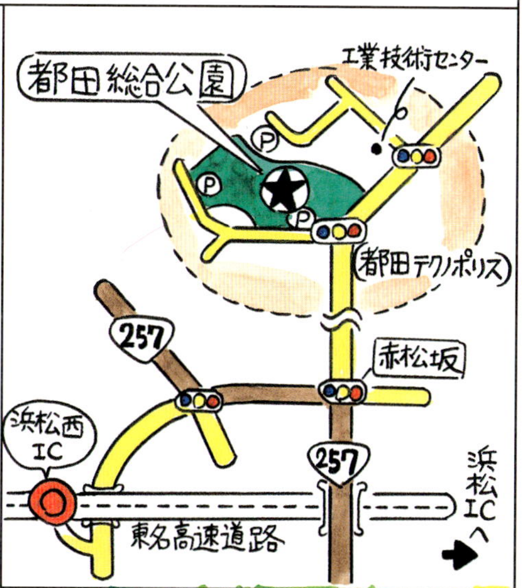
都田総合公園
工業技術センター
P
P
P
(都田テクノポリス)
257
赤松坂
浜松西IC
257
東名高速道路
浜松IC へ

歩道橋
広ーい芝生広場
多目的広場
イベント広場
WC
バス用
P
P
花だん
都田総合公園
東名・浜松西ICへ

浜松市北部にある広大な公園。湖をはさんで、南には、草そり遊びができる芝生広場があり、北には、子どもが喜びそうな遊具や遊び場がある。売店、食事処はないので、お弁当を持参したほうがよい。

日本版モアイ像が立つ公園。巨大遊具やサイクリングあるよ!

遠《えん》州《しゅう》灘《なだ》海《かい》浜《ひん》公《こう》園《えん》（中田島北地区）

遊具など
タダ

遠州灘海浜公園

静岡県浜松市江之島町字白鳥山
TEL（053）442-6775

入園料 ● 無料
駐車場 ● 350台（バスも可）（夜間閉鎖）
食事 ● 園内にジュース自販機あり
交通 ● 東名高速浜松ICより、車で15分

馬込川河口に位置する広い公園。子どもに人気の巨大遊具には、ユニークすべり台やアスレチック遊具が組み合わさっていておもしろい。また、芝生広場、サイクル広場、水遊びできる人工小川あり。

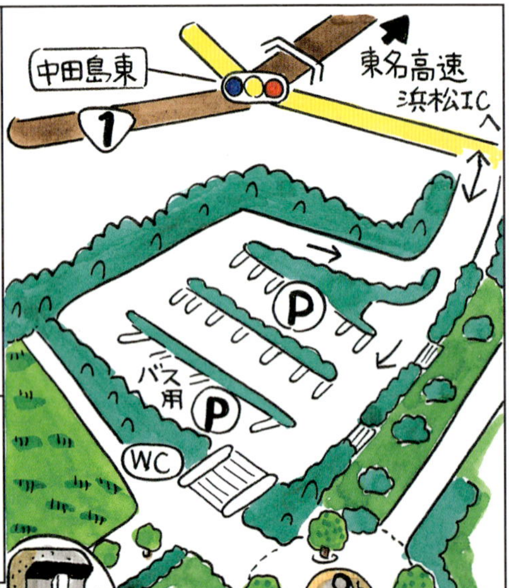

遠州灘海浜公園

ネット
ウォー
チューブスライダー　また人が落ちていく
東名高速道路
浜松IC
1
中田島東
遠州灘海浜公園
1
150
中田島砂丘
大型コンビネーション遊具
•チューブスライダー
•ウェイブすべり台
•タイヤ登り
•ネット登り
•その他
一般から幼児用までのユニークな自転車も用意
サイクル広場
休憩所
テーブルベンチ お弁当タイム はここで
ピクニック広場
WC
健康遊具
観察小屋

緑の中での自然観察とアスレチックがおもしろい!

静《しず》岡《おか》県《けん》立《りつ》森《しん》林《りん》公《こう》園《えん》

入園料タダ

静岡県立森林公園

アカマツ林を中心とした、広い森の公園。森林浴がたっぷりでき、いくつもの広場が遊歩道で結ばれている。四季それぞれの植物、昆虫や野鳥が見られ、お弁当持参のハイキングに最適。

ラクウショウ谷親水広場
森の家
宿泊
研修施設
P
レストラン
ピュー
空の散歩道（つり橋）
全長150m
高さ 48m
木の散歩道

奥池
徒歩20分
公園会館
P
徒歩40分
森の家
アスレチック遊具
展示室、
木工教室（金・土・日曜日）
あり
林業体験館
P
サクラ

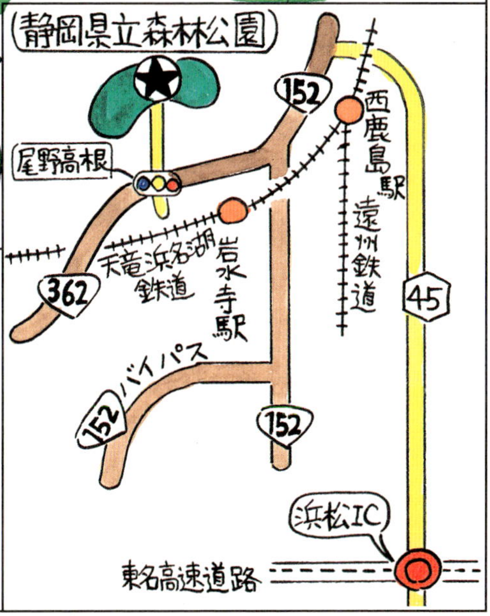

静岡県立森林公園
152
西鹿島駅
尾野高根
遠州鉄道
天竜浜名湖鉄道
岩水寺駅
362
45
バイパス
152
152
浜松IC
東名高速道路

静岡県立森林公園

静岡県浜北市尾野、根堅

TEL（053）583-0443（森林公園会館）

入場料 ● 無料

休館日 ● （森林公園会館）水曜日、年末年始

（林業体験館）月・火曜日、年末年始

駐車場 ● 500台（第1～第7合計）

交通 ● 東名高速浜松ICより車で30分

あけぼのパーク多《た》賀《が》

利用（限定）タダ

全身骨格
アケボノゾウ
発掘再現
胴長短足でキバが大きいなー
足跡
オー
アケボノゾウ
約180万年前に日本にいた古代のゾウ。1993年、多賀町の地層より1頭分の化石が発見。博物館では、アケボノゾウのことを詳しく展示解説している。
ゾウ足の模型触わって動かしてみよう
触わってみよう
シカの角
土器
多賀北交差点へ
文化財センター
WC
アケボノゾウ発掘再現
博物館
図書館
P

あけぼのパーク多賀

ここには、博物館、図書館、公園などがあり、郷土の自然・歴史を学んだり、本を読んだり、野外で遊んだりと楽しめるエリア。

博物館では、アケボノゾウの化石、昆虫、動植物の標本や多賀大社の歴史資料がそろっていて興味深い。

あけぼのパーク多賀

滋賀県犬上郡多賀町大字四手976-2

駐車場 ● 40台
交　通 ● 近江鉄道多賀大社前駅下車、徒歩25分
名神彦根ICより、国道306号利用、車で10分

多賀の自然と文化の館（町立博物館）

TEL（0749）48-2077

入館料 ● 町内在住、在勤者および16歳未満は無料。それ以外は200円）
9時30分～17時
開館時間 ● 月曜日、火曜日、祝日の翌日、
休館日 ● 年末年始

多賀町立図書館

TEL（0749）48-1142

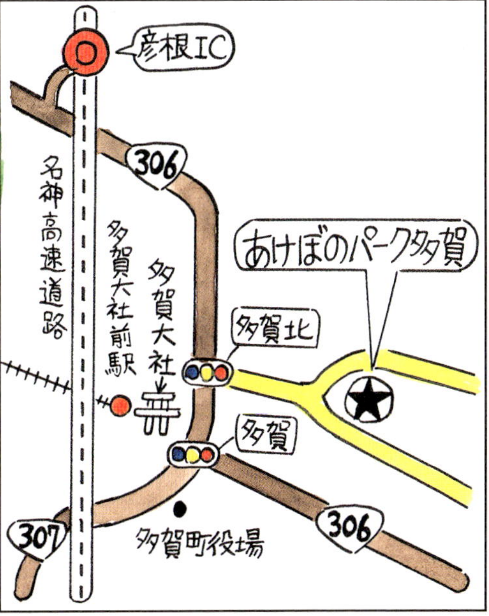

遊具で遊んだり、ミニスポーツのできる子どもセンター

彦《ひこ》根《ね》市《し》子《こ》どもセンター

利用タダ

懐かしい輪投げ
スペースシップ
映像を見ながら操じゅう君は宇宙飛行士。
アスレチック遊具
つり橋
巨大タイヤ
月・火星・土星での体重がわかる
宇宙体重計
一日中遊べる
テーブル・イスあり。飲食ができる
子ども向きの科学図書や絵本、紙芝居などあり
さわったり、見たりの体験展示物いろいろ
彦根城と城下町についての歴史資料あり
各種運動遊具の貸し出し（無料）
●卓球
●ミニバトミントン
●ミニテニス
●ボール
●なわとび
●カロム（ゲーム）
休憩室
科学室
図書室
パソコン室
WC
科学展示コーナー
歴史展示コーナー
ホール
WC
卓球台
出入口
事務室
化石
ピロティー
センター1F見取図
アリーナ
駐車場へ
遊具あり
ピン
ポン
雨の日はここで、軽スポーツを楽しもう
自転車のリムを棒でころがす
竹馬

彦根市子どもセンター

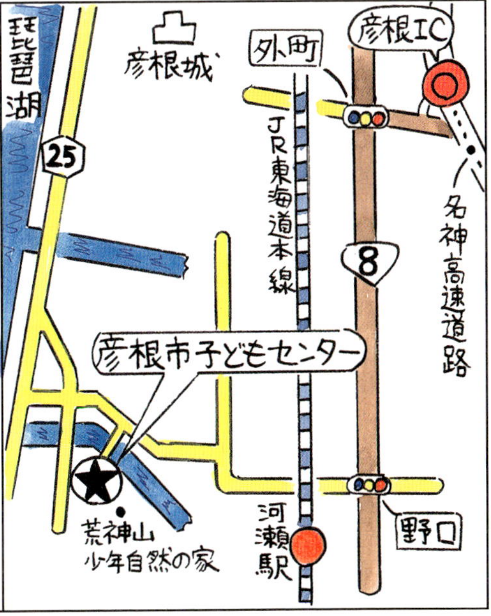

彦根市子どもセンター

滋賀県彦根市日夏町4769
TEL（0749）28−3645

- 入館料 ● 無料
- 開館時間 ● 8時30分～17時
- 休館日 ● 月曜日、祝日の翌日、年末年始
- 駐車場 ● 100台、バスも可
- 交通 ● JR河瀬駅より近江バス子どもセンター行き、7分
  彦根ICより車で20分

マルスウイスキー信《しん》州《しゅう》工《こう》場《じょう》

見学料タダ

ウイスキー通の間では、“幻のウイスキー”として知られているマルスウイスキー。

信州工場は、中央アルプスの山麓にあり、おいしい水、深い霧、大自然のなかでウイスキー造りが続けられている。また、リッチな香りの地ビールも造られている。

初留釜
蒸留釜

麦芽の発酵液を蒸留し、アルコール分を取り出す。

見学コース（所要時間30分）

① 見学受付（売店にて）
② 樽貯蔵棟
③ 原酒製造棟
④ 南信州ビール駒ヶ岳醸造所
⑤ 試飲コーナー
⑥ 売店

テープの解説あり

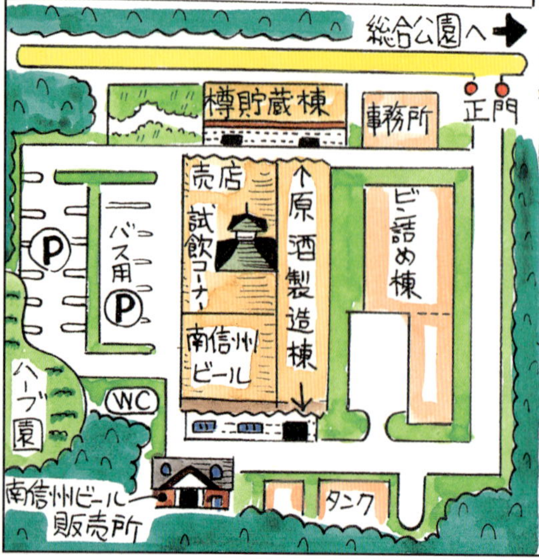
総合公園へ
樽貯蔵棟
事務所
正門
売店
試飲コーナー
原酒製造棟
ビン詰め棟
南信州ビール
P
バス用
P
WC
ハーブ園
南信州ビール販売所
タンク

ウイスキー工場のシンボル
「じょうご」を逆さにした形の蒸留釜なのです。
原酒製造棟

マルスウイスキー信州工場

樽貯蔵室
貯蔵中、ウイスキーの約3%が減る。これを「天使の分け前」という。
シェリー酒樽につめられた原酒にシェリー酒が深い味わいと香りをつける。
南信州ビール駒ヶ岳醸造所

※運転者にはアルコールの試飲はありません
試飲コーナー
無料
うま〜い!
ウイッ
ウイスキー、ワインなど好きなものを試飲できる。
ビールは有料です
アルコールの入っていないジュースもある。
ジュース
売店
ウイスキー類が並ぶ。ワイン入りのカステラやゼリーなどもある。ビールは別処で売られている。

マルスウイスキー信州工場

長野県上伊那郡宮田村4752-31
TEL (0265) 85-4633

見学料 ● 無料
人数 ● 1名～団体までOK
（10名以上の団体は電話予約が必要）
見学時間 ● 9時～16時
駐車場 ● 20台、バス8台
交通 ● 駒ヶ根ICより車で5分

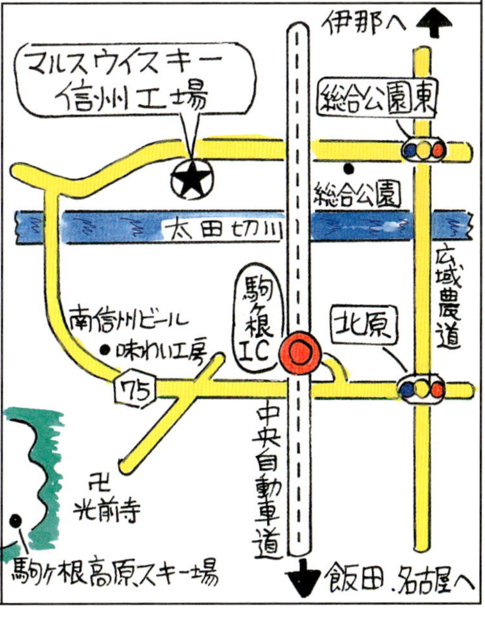
伊那へ
マルスウイスキー信州工場
総合公園東
総合公園
太田切川
広域農道
駒ヶ根IC
北原
南信州ビール
味わい工房
75
中央自動車道
光前寺
駒ヶ根高原スキー場
飯田.名古屋へ

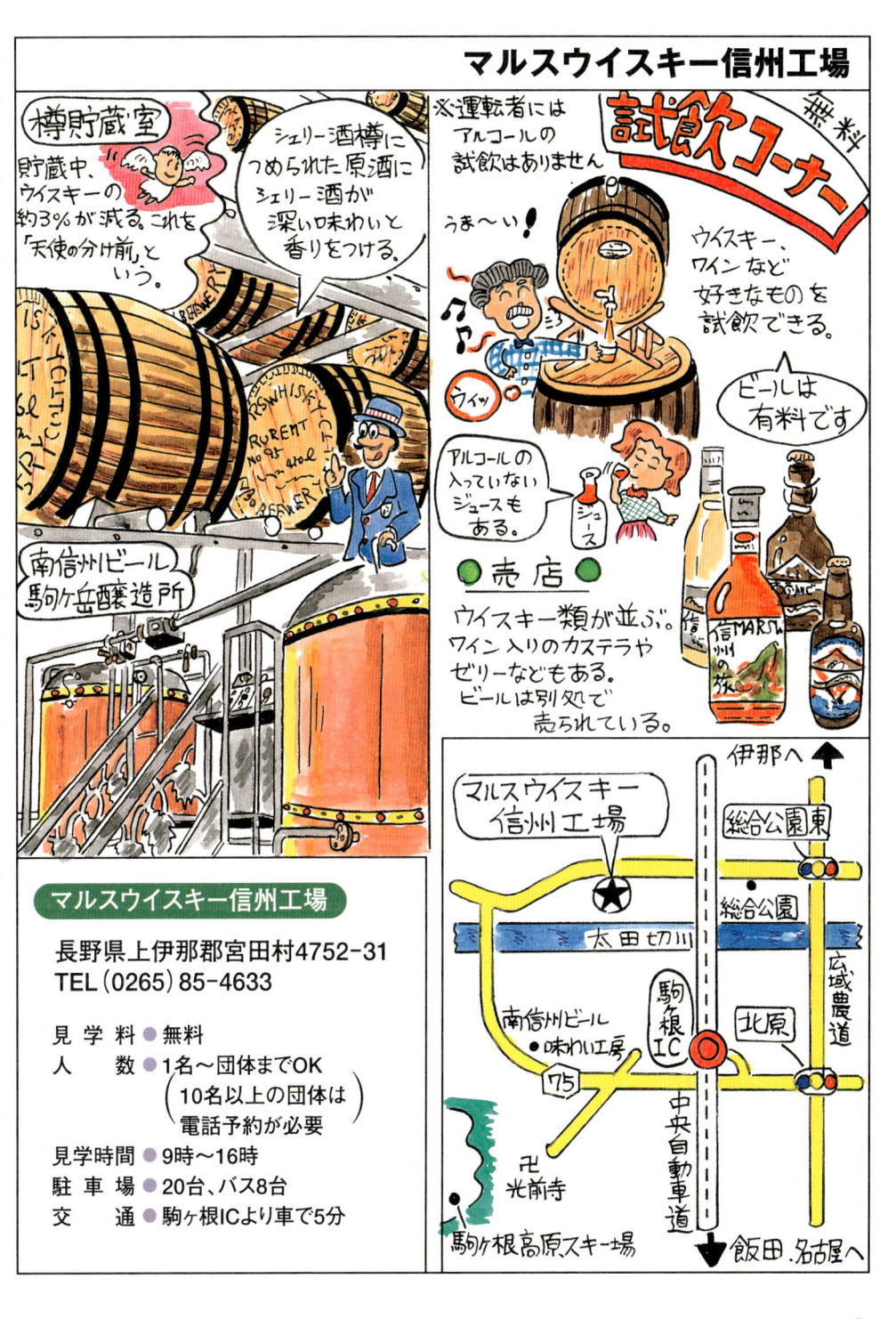

［著者略歴］
宇佐美イワオ（本名・巖）
1959年、名古屋市に生まれる。82年、農業を本職とするかたわら、各地を旅する。

［著書］
『遊歩図鑑パートⅠ　名古屋・尾張編』『遊歩図鑑パートⅡ　三河編』『パノラマママップ美しき長良川』『パノラマママップ美しき木曽路』『青春の信長を歩く』『飛騨高山・白川郷』『［愛知県版］新・料金タダの遊び場ガイド』『まる見え三重ガイド』『［東海全域版］新・料金タダの遊び場ガイド』『［改訂版］親と子の低料金の遊び場ガイド［１］』『［改訂版］親と子の低料金の遊び場ガイド［２］』『パノラマママップ美しき伊勢湾』『ふれあいウオーク東海自然歩道』『東海のユニーク博物館をゆく！』（いずれも風媒社）

［住所］
〒454-0053　名古屋市中川区外新町4-52

装幀＝深井 猛

［東海版］親と子の ときめき日帰り遊び場ガイド

2005年３月10日　第１刷発行　　（定価はカバーに表示してあります）

著　者　　宇佐美イワオ
発行者　　稲垣喜代志

発行所　名古屋市中区上前津2-9-14　久野ビル
振替00880-5-5616　電話052-331-0008
http://www.fubaisha.com/
風媒社《ふうばいしゃ》

乱丁・落丁本はお取り替えいたします。　＊印刷・製本／大阪書籍
ISBN4-8331-0115-7